方法比知识重要系列丛书

超级媒体：

第一媒体，手机媒体化的商业革命

朱海松　著

SPM
南方出版传媒
广东经济出版社
·广州·

图书在版编目（CIP）数据

超级媒体：第一媒体，手机媒体化的商业革命／朱海松著．—广州：广东经济出版社，2017.6
ISBN 978-7-5454-5348-5

Ⅰ．①超… Ⅱ．①朱… Ⅲ．①移动电话机—传播媒介—研究Ⅳ．①G206.2

中国版本图书馆 CIP 数据核字（2017）第 057028 号

出 版 人：姚丹林
责任编辑：李惠玉
责任技编：谢　莹

出版发行	广东经济出版社（广州市环市东路水荫路 11 号 11～12 楼）
经销	全国新华书店
印刷	茂名广发印刷有限公司 （茂名市计星路 60 号大院）
开本	787 毫米 × 1092 毫米　1/16
印张	13.5　1 插页
字数	185 000 字
版次	2017 年 6 月第 1 版
印次	2017 年 6 月第 1 次
书号	ISBN 978-7-5454-5348-5
定价	28.00 元

如发现印装质量问题，影响阅读，请与承印厂联系调换。
发行部地址：广州市环市东路水荫路 11 号 11 楼
电话：（020）38306055　37601950　邮政编码：510075
邮购地址：广州市环市东路水荫路 11 号 11 楼
电话：（020）37601980　营销网址：**http://www.gebook.com**
广东经济出版社新浪官方微博：**http://e.weibo.com/gebook**
广东经济出版社常年法律顾问：何剑桥律师

内容提要

《第一媒体》是中国论述手机媒体化的经典理论专著《第五媒体》和《手机媒体》的再版。

五年前，手机媒体专家朱海松先生以敏锐的洞察和创新的勇气，创造性地阐述了手机媒体化的应用本质和表现形式。《第五媒体》一书划时代地为中国手机媒体化行业应用创立了概念标准和基本应用思路，首次系统地从商业应用思维的角度给出了“第五媒体”的基本定义，并以此为基础陆续推出了《无线营销》、《无线广告》和《手机媒体》等专著，详细论述了手机媒体化的商业应用原理和基本应用模式，提出了无线广告发布的“个众模型”、无线营销的“4I 模型”等全新的营销理念，在海内外产生了广泛的影响，书中的一些重要观点更成为手机媒体化商业应用的基本原则。未来，中国超过 13 亿人将拥有手机，这一巨大的客观现实将全面影响着中国的社会生活。

本书以全网社会为背景，着重论述了手机媒体化过程中的商业价值应用，全面讨论了手机媒体在无线广告和无线营销应用领域的基本原则和基本原理，书中的观点是当前国内关于手机媒体化行业应用的最前沿思想，是当今中国手机媒体化战略在商业应用领域最权威、最经典的论述。《第一媒体》的出版将进一步推动移动互联网的商业应用实践，同时也将丰富基于中国新媒体和营销实践的应用思想和理论。

致　谢

在此衷心向以下人士和公司表示感谢（排名不分先后）：

分众传媒董事局主席兼 CEO　江南春先生

中国移动 12580 生活播报运营团队

中国移动通信集团广东有限公司客户服务部　傅华实先生

中国移动通信集团广东有限公司广州分公司数据业务中心　温冬开先生

中国移动通信集团广东有限公司广州移动媒体运营中心　徐广猛先生

中国移动通信集团广东有限公司广州移动媒体运营中心　黄冲先生

中国移动通信集团广东有限公司客户服务（广州）中心　刘婷婷女士

中国移动通信集团广东有限公司广州分公司集团客户部　赖道斌先生

台湾大发现平台创始人、上海互动投资有限公司董事长　郑廉诚先生

哲力广告董事长　陈志波先生

北京众览无限传媒广告有限公司总经理　贝志城先生

黑龙江人民广播电台手机媒体副总经理　吴甲利女士

黑龙江人民广播电台手机媒体　于冰先生

深圳市聚星源文化艺术发展有限公司董事长　邱道科先生

沈阳积尔投资管理有限公司总经理　李刚先生

中国通信学会“2010 中国手机新媒体发展高峰论坛”

中国商业联合会“2010 年第三届营销中国论坛”

“如何在5分钟内打动广告主接受手机媒体？”

朱海松

“如何在5分钟内打动广告主接受手机媒体?”，这是我在参加中国通信学会举办的“中国手机新媒体发展高峰论坛”时，黑龙江龙广手机媒体公司的吴总在饭桌上挑战我的问题，我当时的回答是：“5分钟时间太长了，如果广告主只给你5分钟的时间，你必须要在2分钟内说清楚！”多年来，我的工作一直就是努力让中国广告主认识手机新媒体和网络新媒体的媒体价值，努力让广告主把更多的广告费用应用在手机媒体和网络媒体上。一般来说，不同的广告主对营销有不同的需求，对媒体的选择也会根据其产品的竞争特点有所侧重，但是当前广告主有一个共同的认识，关注新媒体。对于手机媒体来说，理论上手机媒体的营销应用适合所有行业的所有产品，所以，对于手机媒体的推介有一个基本的销售逻辑，在2分钟内说清楚，可以有一个放之四海而皆准的标准说法，这里面有三大思路，第一，是以媒体化的思维导入；第二，是以新媒体分类的方式导入；第三，是以移动信息化的数字时代导入，最终殊途同归。下面从媒体化思维开始说起：

（一）

第一句话，“在中国，营销的问题就是媒体的问题。”20世纪90年代，美国人舒尔兹在《整合传播》一书中提出的“传播就是营销”的观点，被中国广告主普遍接受了，传播一定与媒体有关！这是“营销的问题就是媒体的问题”观点的理论依据，但这不是最重要的！最让中国广告主感同身受的是在过去十多年间，中国的媒介环境太发达了，各式各样的媒体层出不穷，这使得广告传播活动的效率与媒体的选择和组合密切相关，相关到已经不是简单的媒介花费，而是直接影响到营销战略的地步！营销的问题，直接地变成了媒体选择的问题！媒体组合的问题！“如何选择有效的媒体把产品信息、品牌信息、活动信息等传递给我的目标受众”成为广告主在营销决策过程中的头等大事！媒体的投放费用占去了营销预算的最大比重，这也是为什么央视招标时许多老总亲自挂帅投标的原因。营销的问题就是媒体的问题，还可以从另一个角度来看，12580 生活播报的总编辑黄森先生曾与我探讨过一个问题：“为什么中国的手机 WAP 广告没有做起来?”我回答说：“这个问题，你只要分析出为什么中国网络广告投放如此之小，就会理解为什么手机 WAP 广告没有做起来的原因!”

当今世界最伟大的 80 后，Facebook CEO 马克·扎克伯格（Mark Zuckerberg）接受采访时一开口就说：“每一个百年，人类社会的媒体形态都会迎来巨大变化!”这句话气势磅薄，格局阔大，请注意他可没有把他的 Facebook 叫“平台”。我们曾通过新闻了解到腾讯网络广告的收入目标占其总收入的百分比一半以上，但实际网络广告的销售收入并没有达到预期，为什么？先不说广告主对网络广告的认识问题，先看以腾讯为代表的网络门户广告的销售策略是什么。在我接触的几大门户网络广告产品包装中，有一个关键词非常重要，就是“平台”，“平台”这个概念很好，通过“平台”可以把所有网络广告产品整合在其中，并强调这个“平台”是可以“互动”的，由数据库挖掘可以达到“精准”，所以网络“平台”是强大的销售工具，门户网络广告销售给广告主的就是以“平台”概念为核心的整合网络产品。可能由于网络销售的绝大多数背景是技术出身，所以对“平台”的概念情有独衷，但是网络广告价值目前如此之低，客户接受网络广告的时间成本之高，与这一“概念”的关系是非常紧密的。到目前为止，我们仍然可以看到大量的“网站联盟”“WAP 联盟”“广告平台联盟”“客户端平台联盟”，就是没有人说自己的是“媒体联盟”！众多创业者的激情被消耗掉了，对了，广告主们最熟悉的概念是“媒体”而不是“平台”。当我们在讨论“新媒体”时，也是“新媒体新媒体”地叫，也没有说“新平台”呀，但为什么在销售的时候就非要说是“平台”呢！把问题倒过来说，我就叫了“平台”又怎样呢，销售还不是在增长呀！那我们再看看网络广告的市场份额吧。根据艾瑞的统计，2010 年中国网络广告市场是 200 多亿，比中央电视台 2011 年招标的 117 亿多不了多少，只是中国广告近 5000 亿市场的零头！从几个数据看，网络广告的市场增长空间巨大无比！问题是，要花多长时间网络广告的增长才显著起来，如果你不去理解网络广告在过去十多年中为什么增长得这么慢和如此之贬值，你也就无法找到手机媒体广告快速增长的战略思路！

（二）

另一个被人们故意忽视的事实是，传统发行几十万份的报纸广告价值为何远远高于亿万流量的门户网络广告，以报业为例，《南方都市报》、《广州日报》、《新京报》等发行量加在一起五六百万份，一年的广告销售可以达到近 80 亿元人民币，一些手机杂志、手机报的受众可达 500 万，12580 生活播报的受众更是达 4000 万，过亿只是时间问题，但广告价值为何释放不出来呢？你可以有很多种解释，网络还是新媒体等等，但是“血淋淋”的数据摆在我们的面前，广告主为什么愿意把广告费“浪费”在传统媒体上呢？其中一个主要因素是他喜欢“媒体”的概念，因为他相信“营销的问题就是媒体的问题”。把简单问题复杂化最简单，把复杂问题简单化最复杂。网络广告的销售存在的首要问题与传统如分众这样的户外广告不同，网络广告首先要把“复杂问题简单化”，但是由于网络广告销售过于注重技术性的解释，推出了“平台”的概念，使得网络广告的“复杂问题变得复杂化了”。把简单问题复杂化最简单，技术名词越来越多，英文缩写越来越多，网络广告越来越复杂，广告主越来越迷糊。但是如何把网络广告的复杂问题变得简单化呢？说你自己是媒体吧，对内运营可以说是“平台”，对外销售要说“媒体”，对，就是媒体！让“平台”见鬼去吧！

“窄告”、“准告”、“直告”、“点告”、“众告”、“祷告”……等等，等等，这些曾经风靡的以技术为支撑的名词，可以感受到传播和开发者们不安的焦虑与热切的期待。在新产品销售过程中，最大的忌讳就是创造新名词！任何一个新名词的传播成本都是不可预测的！如果再加上解释技术名词，这就是人为地制造沟通障碍！即使是一个好东西，广告主尝试使用需要一个漫长的过程，终极手段就是价格，中国网络广告如此贬值与此不无关系！所以，在手机媒体销售过程中不能大谈特谈技术，应用创新与技术无关！只与运用技术的思维和方法有关！在门户网络广告的产品销售过程中，套用传统企业的说法，三流的门户做产品，二流的门户做品牌，一流的门户做标准。这里所谓的“标准”并不是指技术标准，而是指市场标准，它取决于两个指标：一个是市场份额。当前的网络广告市场还谈不上什么份额，是快速增长中，没有格局出现，所以这个指标不算；另一个是“谁先完整地说出自己是媒体”，谁就是标准。这是因为广告主们拿着钱满大街地找媒体投放，宁可浪费也要浪费在媒体上，他要完成投放任务！因为很多的媒体投放任务是企业的中层执行的，你总说自己的“平台”有多好，即使他认同你他也不敢，因为他的老板可能不认同。在“谁先完整地说出自己是媒体”这一策略上，根本就没有什么像腾讯在产品开发上的“跟随策略”，所以谁先在门户网络广告的销售策略上以媒体的界面规划和销售，谁将占优，一旦被广告主接受，这种“概念先占有”可不是短期的优势，而是长期的优势！是的，网络就是媒体，网络将定义媒体，而不是媒体定义网络，这需要理解网络的性质，门户广告的销售不是技术之争而是概念之争：上兵伐谋！

如果下一个黄金十年，手机媒体仍走过去十年网络媒体走过的老路，在销售过程中，不坚定地定位自己是媒体，将不可避免地付出大量的时间成本，大量的沟通成本，那么手机媒体的无线广告和无线营销将自取灭亡！

（三）

如果“营销的问题就是媒体的问题”，那就要看中国的媒体环境有什么特点，所以第二句话就是“媒介的破碎化”。记得二十年前在美国生活时，我订了一份《华盛顿邮报》，用塑料袋包着每天早上丢在门口，一大卷差不多两斤重！一开始还看看，后来由于信息量太大，干脆不看了，结果变成了每天早上开门的第一件事是，一脚把这一卷报纸踢一边去，时间一长，把腿部肌肉练得异常结实！反思当年的这种行为，是由于大量信息出现在眼前时的一种焦虑和不安情绪的发泄，几斤重的报纸给我们传递的信息是——媒介“破碎了”。上百个版面的报纸一定会淹没大量信息，作为信息的发布者也一定会很苦恼！因为效果将与自己的预期甚远。媒介的破碎化使媒体呈现的是“碎片化”状态，媒介的“碎片化”对于广告主意味着许多媒介的花费不是浪费一半，而是全浪费了！媒介的破碎化可以导致品牌的破碎化，市场的破碎化！媒介很难被“组合”起来，使媒体的大量广告投放不能有效地拉动销售。实质上，“媒介的破碎化”更是由于网络技术的高速发展推动的，不断出现的网络新技术“绞碎”了传统的媒介形态，所以大众媒介不断被细化。在《手机媒体》一书中，我曾提过“存在就是媒介、媒介就是恶心”的观点，就是“媒介的破碎化”对商业影响的反思。另一方面，消费者媒介接触习惯的改变与媒介的碎片化相辅相成，对广告主来说，通过有效的媒体找到准确的目标人群，越来越重要，在这一大背景下，“精准营销”“定向营销”“效果营销”等等，大量出现，手机媒体正是可以充分体现“精准营销”的杰出代表！

（四）

第三句话就是：“媒体的发展正在从‘大众’向‘分众’再向‘个众’演化，营销的发展，正在从‘被动’向‘主动’再向‘互动’发展”。广告最伟大的贡献是让熟悉的事物看起来新鲜，新鲜的事物看起来熟悉。“分众”的概念是业内早就熟悉的概念，但江南春让这个熟悉的概念看起来新鲜，到现在人们已对这个新鲜的广告类别越来越熟悉，电梯广告的价值看起来好像只是“七分钱”的一张纸，但江南春准确地抓住了广告主的心态，首先我不仅是媒体，更重要的我是分众的媒体，是精准的媒体。江南春首先把一个“简单的问题给复杂化”，为“分众”这一简单的概念打造一个受众接触习惯的效果理论，然后再通过提供楼宇电梯广告把这一“复杂问题简单化”，激发出了最大的广告价值！由于分众江南春的贡献，中国广告主对“分众”的理念已普遍接受。从媒介发展的眼光看，“分众”的下一阶段是“个众”，“个众”化带出手机媒体！在这里要强调的是，手机媒体首先是大众媒体，所以把手机媒体排在“第五媒体”的位置，主要是强调手机媒体的大众媒介属性，“个众”化是手机媒体这一大众媒体的特征！把手机媒体定位成大众媒体是手机媒体销售的战略沟通策略，极其重要！这是因为，“营销的问题就是媒体的问题”。时至今日，中国广告主对“互动”营销已非常关注，且基本认可，五年前我在《第五媒体》一书中提出：“手机媒体最杰出、最辉煌的特点是互动性！”

（五）

第四句话是手机媒体的定义：“以手机为视听终端，手机上网为平台的个性化信息传播载体，以个众为传播目标、以定向为传播目的、以即时为传播效果、以互动为传播应用的大众传播媒介，也叫第五媒体或移动网络媒体。”这个定义是手机媒体无线营销理论的基石！所谓理论就是让广告主在决策时自己相信自己的一个理由！中国媒体创新的杰出代表、分众传媒的江南春，在销售分众时有一套千人成本的销售理论，非常有效。但是，这套理论运用在网络媒体和手机媒体上有一个本质的不同，分众传媒的销售有一个天然的优势，那就是它一站在广告主面前，广告主首先是把它定位在媒体范畴内的！手机媒体的销售难在，手机是否是媒体，是否是主流媒体，在媒体中处于什么样的地位，没有被广泛认可，手机媒体的销售人员没有坚定不移地肯定手机首先是媒体！如果按着广告费有一半是浪费的说法，中国 5000 亿广告费至少有 2500 亿是浪费的！为什么这些“浪费”的广告费用没有“浪费”在门户广告和手机媒体上呢！因为你没有给广告主们一个“浪费”的理由，这个理由绝不是平台，而是媒体！你如果不强调你是媒体的话，你的销售业绩在相当长的时间内不会突飞猛进，现在广告主们的销售主管仍习惯于媒体化的投放思维，他当然接受“精准”“互动”“流量”等概念，但首先是“媒体”。手机媒体的定义要背下来，因为这个定义就是按着广告主的思维定义的，这个定义的每个词都会牵动着广告主的神经。给他一个理由把广告费“浪费”在手机媒体上，从手机媒体的定义开始吧！

（六）

第五句话是，“人性的弱点是手机媒体的优点，手机媒体是促销媒体！”加拿大传播学大师麦克卢汉曾说：“媒介是人的延伸。”在今天的中国，由于手机的全面普及，媒介不仅是人的延伸，人就是媒体本身了！所以，手机使得“人就是媒体”，非常具体。还记得诺基亚的口号：“科技以人为本”吗？乔布斯的 iPhone 和 iPad 把这句话实践了，苹果的创新让人类退步！有许多朋友认为把手机媒体只说成是促销媒体，太小了，手机可以做品牌，可以市场调研，可以公关，可以做任何传统媒体做得到的事，这些我都同意，但我仍要强调手机媒体是促销媒体！对促销的深一层理解是，不仅是打折，是让终端销售的速度加快！这需要目标受众的大量“参与”“体验”，这是以“互动”为应用实现的，“互动”就是参与就是体验。手机是促销媒体说的是，消费者与品牌之间的互动性可以通过手机进行淋漓尽致的展现。在手机媒体上应用广告有这样一个现象，以 12580 生活播报为例，越是知名品牌、大品牌，手机媒体上的互动效果就越好，一旦消费者对品牌是信赖的，愿意尝试的最佳传播途径就是手机！在这一点上，手机媒体的潜在价值到目前为止还没得到充分的释放。因为每种媒体都有自身的优势，同时广告主长期使用媒体也有一些最基本的判断常识，比如电视广告做品牌形象是公认的，平面媒体可详细说明产品也是公认的，特定环境下媒体都有特定的优势，比如日本大地震广播媒体最有效！这里要强调的是，认为手机媒体是万能的，是不可取的，至少不是所有广告主都同意！认为手机媒体可以取代其他媒体的想法也是不靠谱的！手机媒体可以承担所有媒体的所有功能，但最突出的是促销的特点。促销是快速拉动销售的有利武器，这可从两个方面来看，一是“人性的弱点”爱占小便宜，这就是为什么在手机上的打折优惠信息那么有效的原因之一；二是手机媒体的杰出互动性，互动就是参与，互动就是行动！也是由于“手机媒体是促销媒体”这一结论，可以导出“手机媒体时代，广告效果不需要第三方监测”这样惊人的结论！“手机媒体是促销媒体”是战略，不是战术！

（七）

第六句话，“无线营销是传统营销手段在手机媒体上的应用!”去年底在海尔集团总部青岛，12580 生活播报的代理公司安排了面向海尔所有事业部广告主管的手机新媒体推介会，会上我作了“广告将死、网络当道”的主题演讲。在这次提案会上我遇到了中国无线营销的“第一高人”——12580 生活播报负责人杨鸣先生，我仔细地倾听了他的“移动是必须的、数字是一定的、互动是本质的”的主题演讲，特别是博士蛙案例，从我的角度看，博士蛙案例是传统营销手段在手机媒体上充分运用的一个典型案例！我在与海尔集团各事业部广告主管的交流中，拷问“无线营销是传统营销手段在手机媒体上的应用”这句话中，哪个是关键词？我给出的答案是“传统”。手机媒体本质上是营销工具，是使用手段，无论技术多么发达，营销方略仍是传统的市场调查、公关活动、品牌促销、广告运动等，具体到派发样品、名称征集、试驾、试吃、试用、试穿等等，在充分理解了手机媒体的特点之后，手机媒体仍然是为传统营销服务的！

第七句话，“移动互联网不是互联网在手机上的简单延伸。”在过去几年中，我们看到很多以互联网思维建立的移动互联网商业模型失败了！移动互联网与互联网形似而神不似，它们之间有着本质的不同！摩托罗拉与诺基亚曾开发出带键盘的手机，苹果的乔布斯通过令人惊艳的 iPhone 告诉人们不能那样！移动互联网与互联网的不同不是指技术上的，而是指应用体验上的！这里的应用创新与技术无关！创新与技术有关吗？当然有关，美国电影《阿凡达》带来的冲击改变了电影技术历史，但作为普通消费者，仍然是通过体验来感受的。创新与技术有关吗？当然无关！乔布斯深刻洞察了人性的本质，iPhone 没有革命性的技术，却是巨大的创新。对于绝大多数广告主来说，他根本不关心技术，他关心效果，也就是他的目标消费者的体验，为什么要喋喋不休地大谈技术呢？我见到许多无线广告公司，在广告主面前大谈特谈技术，最后的结果是，广告主说那我找技术开发人员来跟你谈，结论是："我好像花 2000 元也可以开发一个"，原来是准备谈广告的，最后变成探讨技术了。

第八句话，"手机媒体时代，广告效果不需要第三方监测。"你如果认真理解手机媒体的定义，就会了解手机媒体的应用效果是可以量化评估的！对于广告主来说，第三方监测还是需要的，但是在手机媒体时代，广告主确实可以利用手机定量化评估的特点进行自我监测，或者"对第三方监测进行监测"。21 世纪的营销是数据库营销。无线营销本质上是数据库营销。无线营销原理"4I 模型"的核心就是数据库。这导致新型的无线广告公司内部结构也正在发生根本性的变革。"比广告更懂技术，比技术更懂广告"，当我看到哲力广告公司这样描述自己的定位时，我就知道这将是数字时代的广告行业定位！对于广告公司来说，如何应对网络时代的挑战，将面临着"To be or not to be"的抉择，这真是一个大问题。广告公司拥抱技术是必然趋势，这一趋势的结果是将重新定义许多现有的成熟模式，也就是：颠覆！Facebook CEO 马克・扎克伯格接受采访时也曾说过这样一句意味深长的话："未来一百年的广告业将与现在根本不同，它将会从今天开始！"

手机不是媒体！手机本质上是工具，手机广告本质也不是"投放”而是“互动”，“互动”就是解决方案。当我看到像宝洁、美的、三星等这些知名企业已迫不及待地利用手机媒体为自己的营销管理服务时，仍有许多广告主对手机媒体和无线营销的认知还停留在“短信群发”的印象中，就知道手机媒体的无线营销市场有多么广阔了！

假设通过以上八句话，广告主动了凡心，想应用体验一下，如何让手机媒体落地？以 12580 生活播报为例，还可以说出第九句话，“投媒体主投数字，投数字必投无线，投无线你别无可投，只有 12580 生活播报，12580 生活播报是手机媒体上的‘中央电视台’。”实际上我在 2011 年 1 月份参加中国移动广东公司的新媒体培训营的演讲主题就是：“让子弹飞，手机媒体上的‘中央电视台’：12580 生活播报”。

到目前为止，在中国无线营销和手机媒体行业中，仍没有领袖企业出现。几年前，我曾拜见过一位当时号称中国手机门户流量最大的掌门人，他问了我一个问题：“你认为中国广告主要花多长时间接受手机广告？”可我当时最想听到的是这样的问题：“我如何在中国广告主的心目中建立起手机媒体的应用标准！”做行业的领导者，不仅要有市场份额，还要有大的格局，有海纳百川的胸怀。重要的是，移动互联网行业需要领袖企业，需要有企业能以舍我其谁的气概站出来，引领市场的良性发展。空谈理论是不行的，必须与实践相结合，没有理论的事实是模糊的，没有事实的理论是空洞的。客观地说，当前以 12580 生活播报为代表的手机媒体只是手机媒体发展初期的形态，手机媒体未来将是垂直细分的“个众”媒体，将面临着如何“大规模满足个性化需求”的挑战。手机媒体化更是中国无线城市和物联网社会发展的一把“钥匙”。

在去年底与 12580 生活播报合作向海尔集团推介手机媒体的数字营销时，可不是用了 5 分钟，包括上海亿动和 12580 生活播报运营团队及代理公司在内的专家，足足讲了 5 个小时，当场有海尔事业部马上决策投放近 50 万元的手机媒体广告。在 2011 年春节前，以海尔智能电视为代表的海尔品牌在手机媒体上的投放达数百万元，在 2011 年将有超过 1000 万元的投放，虽然这点钱对每年广告费达数十亿的海尔品牌来说九牛一毛，但海尔作为世界知名品牌，开始从战略上“拥抱网络数字媒体”，海尔的一小步，将是中国广告主的一大步。

第十句话，“我们心中的‘未来’已经是很多人的‘现在’。”到目前为止，已有大量的知名品牌开始系统地运用手机媒体。如果你问我，手机广告的市场有多大？为了不让你失望，我只能瞎说。未来五年，手机媒体广告市场将达500亿元可能说少了！最近，凡客诚品的老板陈年把销售目标定在100亿元，准备花费10亿元投放媒体，其中5亿元花费在网络媒体上。以此为标准，如果按着业内的评估，中国广告市场总量是3000亿元。可以预测，未来黄金十年中国网络广告市场将达1500亿元，移动互联网的无线广告可达500亿元。这是个“浮躁”的问题，每年都会有人用数据告诉你，无人能判断其准确性，所以回答这个问题也只能用浮躁的方式敷衍了事。实际上，未来几年的网络广告销售将是多少并不取决于市场等待的时间，而是掌握在网络广告销售战略制定者的手里面，你想让这个时间很短，你就必须要向“媒体化思维”转变，你想让这个时间很长，继续销售“平台”的概念吧！手机广告市场未来有多大，与你可能根本就无关！未来能预测吗？刚刚发生的日本大地震告诉我们，那是非常难的！但也不像我们的一些专家说的那样“绝无可能”，因为蛤蟆能、鸟能、蛇能，许多被人类“贬低”为“低等”的动物能！我们要心存敬畏，好好学习，未来不是预测出来的，未来是创造出来的，预测未来的最好方式就是创造。

（八）

这十句话是认识手机媒体的基础理念，也是描述中国市场营销环境的客观事实。这些结论性观点平实，你可能觉得不起眼，但这些结论性观点确是无数的企业砸进了无数的金钱换来的市场真知！我在艾瑞专栏中曾写过一篇“营销广告没有高深理论，只有深刻理解”的文章，就是说的这种感受。说完这十句话，只是迈出了“打动广告主”认识手机媒体的第一步，但就是这一步，许多从事移动互联网的公司还迈不出去，还没有真正理解，只能感叹：“手机广告很难赚到钱啊！”

要强调的一点是，如果与广告主面对面，上来就谈这几句话，你可能会担心，广告主会不会在心里犯嘀咕：“老子各类总裁班、EMBA班都上过，还用你给我上课！”不会！有一种情形，你说的广告主可能都知道，但你要强调的是你与他的想法是一致的！你与他的思维和审视的角度是一致的！就像美国电影《盗梦空间》所探讨的，先创造一个“梦境”，广告主会认为你与他有共同语言，他会有兴趣听你继续讲下去。想当年，《林海雪原》中的孤胆英雄杨子荣只身闯入威虎山，一见到土匪说的就是土匪熟悉的黑话：“天王盖地虎，宝塔镇河妖”，如果杨子荣当场宣读《共产党宣言》，估计就摆不平座山雕了！这只是推介手机媒体的基本逻辑，在理解的基础上，根据广告主不同的市场需求来推介，在实践过程中有效，也是实战验证过的。当今中国的广告主，都是身经百战，通晓各式中外营销理论的，竞争的压力逼迫着企业的创新！新媒体的销售必须要站在广告主的角度想问题，要将心比心，更要虚心向广告主学习。

我计算了一下，把以上十句话说完，不到两分钟！但是，为了把这十句话说清楚，我用了五年的时间，出了五本专著（“手机媒体”系列：《第五媒体》《无线营销》《无线广告》《手机媒体》《网络的破碎化传播》），在全国各地作了近百场面向广告主的手机新媒体推介活动。推介手机媒体至少要说的100句话，全部收藏在《第一媒体》一书中，导读可以帮助你把手机媒体的观点串起来，书中的观点全按着手机媒体的销售意念排列的，环环相扣。如果看到这，你全理解了，那就不用再往下看了。要强调的是，《第一媒体》并不是给你看的，而是给你用的，是销售工具。这十句话只是刚刚开始！手机媒体还必须与网络媒体相结合，如果从新媒体的角度推介手机媒体和网络媒体，就要从“冷媒介”和“热媒介”的媒介分类开始，从“冷媒介传递热信息”，“热媒介传递冷信息”说开来，深入下去，这将是打动广告主的第三步和第四步（在《网络的破碎化传播》里有详细解读）。归根结底，对广告主来说，手机媒体的无线营销和无线广告是一种新媒体、新营销的服务，是市场营销解决方案。服务就是销售，让广告主喜欢你很容易，让广告主尊重你很难，只有真正愿意去深入理解广告主的竞争市场，才能有的放矢地创造出有效的解决方案，从而实现销售的拉动。

（九）

《无线营销》里面有国美的案例，当初销售人员为了公关，让我在书里写几句话送给当时国美的掌门人，我是这样写的："方法比知识重要，想象比知识重要，总而言之，知识不重要！"其实方法也是知识，手机媒体时代更强调思维方法的重要性。手机新媒体的理论既要根植于传统，也需要想象，理论的建立是需要想象的！通过实践的不断试错来调整、完善。一流的理论是预测，二流的理论是观察，三流的理论是总结。

在我出版的著述中，最受欢迎的是"方法比知识重要"丛书中的"国际4A广告"系列（《国际4A广告公司基本操作流程》《国际4A广告公司媒介策划基础》《国际4A广告公司品牌策划方法》《国际4A广告媒介计划精要》（译著））。许多朋友开了广告公司后再看《国际4A广告公司基本操作流程》，更有一些朋友是先看了《无线营销》，再开公司！这类公司是对传统广告公司的"升级换代"，代表着新一代广告公司的方向！"国际4A广告"系列丛书，只要翻开看，一定可以看懂，是操作方法，不需要多讲。但是"手机媒体"系列丛书却不然！很容易看明白，却不容易理解，这有几大原因：首先是跨界，电信运营商、移动增值服务商、传统媒体、传统广告、新媒体、新营销，以网络为代表的技术派与传统商业的融合交汇，使得不同的思维方法与思维模式产生碰撞，每个圈子里的人都有一套价值观，站在他自己的角度，没有错，但就像瞎子摸象一样，只见部分不见整体！其次，不同领域的知识传统存在巨大的交集，有一个融会贯通的过程。"比广告更懂技术，比技术更懂广告"，不仅强调广告行业要虚心向软件行业学习，同时技术出身的也要了解传统营销广告理念。第三是态度。有此一说，学理科的瞧不起学工科的，学工科的瞧不起学文科的，学文科的瞧不起学新闻的，学新闻的瞧不起学传播的，学传播的瞧不起学广告的，学广告的谁都瞧不起！三人行，必有我师，如果互相瞧不起，就无法取长补短，共同进步。在每次演讲结束时我都会传播这样一句话，“拥有未来的是不断学习的人，而非已经饱读诗书的人，他们漂亮的知识装备，只适用于一个已经不复存在的世界。”这不仅是分享给听众的，也是说给我自己听的，跨界知识没有穷尽，人人是我师。

在手机媒体推广初期，许多中小企业的手机媒体应用个案非常出色，许多案例用传统的经典营销理论不能合理解释，出现了理解和解释性危机。由于传统的、经典的营销理论已被普遍接受，所以人们只关心案例、操作方法，通过真实的个案举一反三，看书也喜欢有实操性的案例书，可以拿来就用！手机媒体与无线营销却不然，许多案例用传统营销理论不能解释和理解，出现了大量反常，这种全新的营销方式需要全新的理论！要先理论，后案例！这就是为什么我在书中从最基本的媒介定义——“媒介就是信息”开始说起，要谈“深沉的理性、冷酷的客观”。关于手机媒体的系列观点，是通过艾瑞专栏表达的，这些理论是以一种正儿八经的方式表达的，手机媒体在初期非常脆弱，不能调侃。我非常清楚，写文章不足以形成系统观点和理论，因为只发文章，是零碎的，不扎实，要通过成书的方式系统思考和表达，虽然现在“写书的比看书的多”，也有必要通过图书的方式，进行文本营销。

“第五媒体”不是我首先提出来的，但是我首先定义的，人们能把手机定位成第五媒体，就应有勇气把它理论化。“第一媒体”也不是我首先提出来的，2010 年末，由中国新闻文化促进会主办、第五媒体研究中心承办的第五媒体发展论坛上发布了《第五媒体行业发展报告》，提出手机媒体在“规模”上是第一媒体，这个观点我认同！手机媒体的影响力也会从“第五媒体”演化成“第一媒体”，因为我坚信，中国手机媒体化趋势势不可挡，我坚信，手机媒体可以给中国市场的广告主创造实实在在的价值。

今年恰逢辛亥革命100周年。清明前夕，我来到广州黄花岗七十二烈士墓，孙中山先生的“浩气长存”四个大字在清冷的微风中格外醒目，我转到巨大的石碑后面，看着革命烈士们的名单，其中大部分都是二三十岁的年轻人，遥想当年，能够奋不顾身地为理想和信仰而战，他们的内心该是多么强大！人间正道是沧桑，任何一项事业的达成都需要巨大的付出。

回到现实，如果想“在5分钟内打动广告主接受手机媒体”，必须深入学习，不同领域的跨界互相学习，取长补短，要在移动中接触，在互动中交流，在行动中体验。最后，套用中国移动12580生活播报运营负责人杨鸣先生的两句话，移动是必须的，数字是一定的，互动是本质的；想法成为信仰，一切皆有可能！

手机：从“第五媒体”到“第一媒体”

江南春　分众传媒董事局主席兼 CEO

我曾经在某个场合评价过，2010 年中国数字媒体有四大亮点：新浪微博全面爆发；视频网站全面开花；分众四化（一二线高清化，三四线倍增化，内容娱乐化和视屏互动化）；中国移动 12580 生活播报飞速做大。

“社会化媒体、移动互联网和云计算”是当前互联网领域最热的三个概念，在这三个趋势全面融合的基础上，恐怕已经开始或者即将产生未来的超级应用或超级平台。2010 年四个亮点的背后，其实也是这一大趋势细枝末节的体现：新浪微博对应社会化媒体以及移动互联网，视频网站从从前的 WEB2.0 也要走入社会化媒体和移动互联网的结合部，分众四化的本质，是数字户外的进一步延展和提升，最终仍然会走向人机互动的移动互联网和物联网，而 12580 生活播报运营不到一年收入就过亿，究其本质也显现的是移动互联网、手机媒体开始全面发力的迹象。

“这似乎是一个一成不变的模型，不管作为一个社会整体还是个人，我们都有一个通病，称之为‘超级短视’，在这个模型中，我们对于一项新技术威胁的希望、期待和恐惧，往往使我们高估了其短期影响，而现实经常无法满足这种膨胀的预期。因此，随之而来的失望让我们掉转矛头，开始低估其长期意义，我可以打赌这一次和上一次的结果不会有什么两样，这个事物（互联网）短期影响不如大肆宣传的那么夸张，但它的长期意义可远比我们能想象的大得多。”这是

PAUL SAFFO 在 1995 年 6 月，对互联网作出的评价和预测。把“互联网”换成“手机媒体”或者“无线营销”，似乎也很贴切。

按照我个人的判断，国内对手机媒体、无线营销的概念大规模追捧，开始于 2006 年前后，当时也如雨后春笋般出现过不少公司。但是这五年来，这一领域陷入“只听楼梯不断响，从未看见真人来”的尴尬局面。甚至可以很客观地说，在中国移动 12580 生活播报的初步成功之前，国内还从未形成真正用户规模和收入规模兼备的手机媒体。这难免让人要失望了，包括在这一领域辛勤耕耘多年的手机媒体、无线营销领域几乎可以说是唯一专家的朱海松兄。

但 2010 年中移动 12580 生活播报的异军突起让业界看到了曙光。作为独立手机媒体平台，他们年收入规模首次过亿，这是衡量一个新生媒体商业化运作是否成功的分水岭。怎么看待这一成就？和分众以及其他成熟媒体相比，过亿根本不算什么，但就手机媒体领域来说，12580 生活播报一小步，中国手机媒体历史一大步，这话不夸张，我们从不同的视角看：

1. 12580 生活播报 2010 年的实践结果率先打破了手机媒体领域 5 年来的僵滞局面；

2. 12580 生活播报作为手机媒体，填补了媒体七项（报、刊、广、电传统四项，户外、网络和手机）中“手机”这一项的空白；

3. 12580 生活播报成为极罕见的运作一年（团队到位其实只有 9 个月）营收就过亿的新媒体，分众当年不过 6000 万元；

4. 12580 生活播报，是由运营商主导新媒体成功的一个“稀有例子”。

不能回避，当年分众收购的手机广告业务，由于以推送短信为主，没有用户许可，存在不可逾越的道德缺失，我们果断终止了这一业务。从今天我们企业的价值观来看，这个决定虽然形成了巨大的损失，但无疑是绝对正确的。我们在成长中犯错，也在犯错中成长。

中国移动作为全球用户规模最大，也是管理水平、市场化意识和前瞻性最佳的运营商之一，很早就开始了在“手机媒体化”方面的积极探索。从最初的移动梦网到飞拓无限，甚至还有在各省区规模相对较小的广告化尝试，都取得了一定的成绩和经验。但无疑，依托于中国移动庞大的用户基数，丰富的营销资源和强大的品牌，以及市场化的运营机制，在一个激情四溢的团队玩命推动下，具备实验性的12580生活播报，是第一次真正意义上的大规模试水成功，绝对具备战略意义，应该是全球运营商除日本之外在手机广告领域取得的最大成就，这让中国移动又一次站在了新的产业高度。

由于和12580生活播报团队的业务合作，我有了近距离观察了解的便利，同时我对手机广告领域无法抑制的兴趣，以及对这一领域巨大前景的向往，让我借为朱海松老师的书再版写序的机会，好好分析下12580生活播报的初步成功，以对大家都能有所启发。整个互联网界的价值观核心，就是“开放、自由和分享”。

首先来看看产品。不可回避的是，无论是技术还是形式，12580生活播报都不“先进”：MMS彩信技术，手机报的基本形式，都是有年头的东西了。但正是这个“不先进”，才让千万级用户规模成为可能，这不能不由衷佩服中移动的战略眼光。这个现实其实也告诉我们，最先进的一定是不普及的，只有不那么先进的才可能大规模。12580生活播报，50K左右的数据包，5000个左右的文字量，2~3张图片，这就是它全部资源（对广告客户来说其实价值更大）；但是它有文字，有图片，甚至还可以有短视频下载或链接，是彻底的多媒体；它可以通过短信彩信、电话和WAP、WEB链接实现全面随时随地互动，涵盖现有几乎所有互动形式。特别是，以上的特点“×4000万人”，那是一个多么令人震惊的景象！

尽管世面上存在无数种研究媒体价值的模型、概念，一般都由数十个字母或图表构成，科学严谨到让人敬佩，但我看媒体就三条规律：第一，用户规模大不大？第二，千人成本低不低？第三，到达之后对受众的影响和改变强不强？媒体成千上万，用这三杆秤称一下，原形毕现。中国移动12580生活播报，4000万用户（听说还在不断上升），全中国这个量级的媒体平台，比一只手多，比两只手少；目前

12580 生活播报的传播成本到达一人次在 3 分钱左右，CPM 为 30 元，如果再考虑其用户以全球通为主，月收入 3000 + 占比超过 7 成，那除了分众与其相近外，几乎找不到更低了；它又是个和数十家全国和地方媒体集团合作的生活资讯发布平台，媒体属性造成的权威度，凭借手机媒体 24 小时贴身伴随的特性，对受众的影响程度不言而喻。可以这么形象地说吧，它小（容量），它多（受众规模），它强（互动性、影响力），可以叫做“小多”和“小强”。

产品不错是必要条件，不是充分条件。再看看运营机制，据我看到的情况，中移动在对待这个产品，有非常多的市场化和尝试性措施，相当开放、相当灵活——除用户发展之外的运营环节，基本都是由合作团队完成的。这个关键因素，很容易被忽略，就像“空气”一样，你不大容易感知，但一分钟也离不开。我的经验和教训都是，你做不好你的基因和环境不擅长的东西。纵使是分众这样完全市场化的企业，去尝试腾讯的模式，失败几乎是注定的。中移动在这个项目上的远见卓识，不能不让我反复多次佩服，并成为我告诫自己的一个现实例子：分众也罢，江南春也罢，绝对无法包打天下。

最让我震动的还是团队。我投身广告行业 18 年，包括自己的团队在内，很少看到这样一支优秀的媒体和广告运营团队。《银河英雄传说》里有支纵横宇宙、所向披靡的“杨舰队”，正好，12580 生活播报运营团队的领头人叫做杨鸣，他带领的这支也是“杨团队”：团队五人组里，杨鸣身高 1.96 米，号称“中国最高的 CEO”，此前在移动增值业务领域有 10 年经验，有着很强的商业感觉，他负责全面运营并直接带领广告销售，和我一样，杨鸣也是个冲在一线的团队领袖，2010 年飞行超过 220 次，全年无休，每天工作 20 小时左右，足够玩命、足够疯狂；负责产品和内容的陈序，前美国《新闻周刊》中文版主编，有着极高的新闻素养和专业水平，也是个“玩命角色”，我在凌晨 2 ~3 点打他电话，一定还在工作岗位；负责直客团队的高韵怡、负责渠道的姚椿以及负责客户全面服务的罗晶，在专业水平和管理水平上，都不可多得。事实上，我不太去在意他们的常规因素，这些都是必备的、基础的；我在意和欣赏的，是一种激情和激情的持续，是一种气氛和气氛的养成，是一种文化和文化的渗透。“杨团队”，真是好样的。我在去年初和这个团队接触的时候说过：一般而言，这个产品基础上第一年运营3000万元收入，是正常的；运营6000万元，就超过了我的预期；运营8000万元～9000万元，基本上就是奇迹，谁知道“杨团队”突破了这个奇迹，而且还超越甚多。我认为，一个产品和事业的成功，最终的决定因素，是人。

当然，最后不得不自我表扬的，是分众基于紧密业务合作，确实也对这个项目给予了有力支持。我们一直在推动服务客户的“三屏风暴”，包括新浪屏、分众屏和手机屏。一个方面，是大型品牌客户资源的导入，我们通过整合营销成功实现了“客户、分众和12580”的三赢，这对初创期的媒体帮助是明显的；另一个方面，我们也为充实“杨团队”的骨干队伍出了不少力，部分区域销售总监都有着分众履历。

产品、机制、团队和外部决定性资源支持，是中国移动12580生活播报短期内就站稳脚跟的四个主要因素。这个模式未必能够照搬，但也应该对手机媒体领域的同行有所借鉴，对于中国移动这个全球领先的运营商在这个领域的全面发力有着超越短期利益的深远影响。

最后谈谈趋势。其实不用多言，朱海松兄把原来的《第五媒体》书名再版时改为《第一媒体》，就已经说明一切。我举双手赞成他的判断。我也认为，手机媒体或者叫无线媒体、移动媒体，在可以看见的未来，是我们媒体和广告行业的终结者。通过对12580生活播报具体而微的分析，我们相信，手机媒体，忙到现在，总算开始，已经可以看见未来。

借用一个500强日化企业媒体计划负责人年初沟通时候的意见：“不社会，无媒体；无手机，不传播”，社交媒体是一种逻辑，手机媒体是一种终端和介质。而借用“杨团队”去年一直以来的售卖策略“投媒体主投数字，投数字必投无线，投无线目前你别无可投，只有12580生活播报”，我们则希望能够出现越来越多的12580生活播报这样的手机媒体。

想法成为信仰，一切皆有可能

杨鸣　中国移动12580生活播报 运营负责人

这个标题，是2010年，我们的合作伙伴、我们服务的客户博士蛙国际在香港主板上市当天晚宴上，其董事长钟政用先生致辞的主题。当时，作为被邀请的媒体伙伴代表，江南春和我在台下听闻此言，颇有同感，触动内心。

博士蛙从一个区域性童装企业，跃变为一个阶段里，全球市值最高的儿童消费品企业（近200亿港币），正是博士蛙团队在这一信念支撑下创造的奇迹。在它上市前5个月，我们介入其营销服务，以12580生活播报这一手机媒体为核心，配置了95%的预算，辅助以社会化媒体传播，和博士蛙一起打造了全数字、主无线的“博士蛙模式”，在品牌推广和销售促进上，为其上市起到一定的推动作用。

对钟董一席话的共鸣，来源于我们在手机媒体和无线营销领域的多年苦苦追求。我们团队有着近10年移动增值业务经验，开始聚焦到手机媒体领域，迄今大约4年。我们从2007年夏天开始，就决意在该领域有所建树，为用户和客户提供服务，这个道路艰辛反复，在成长和摸索中我们犯了无数错误。迄今为止，虽然把12580生活播报做到目前4000万用户、过亿收入规模，但我们觉得似乎刚刚看到曙光，说成功让人惭愧，就未来而言，提升空间几乎无限。

包括朱海松老师在内，很多同行自2006年前后即杀入手机媒体。大家怀着一个信念，就是手机媒体是未来。但是很长时间里面，这个未来一直没来。我们的不少同行因为种种原因，放弃、退出、失望、苦守。但和朱老师一样，我们也一直相信，手机媒体的春天一定会到来，我们的价值一定会体现。

手机广告目前的主流形式，大约是移动增值业务类、WAP 类、移动应用程序类。我们 12580 生活播报在第一类中，是个不起眼的依托 MMS 技术的小产品；WAP 这个行业虽然形成了人群规模，但各种原因导致基于此的广告市场从未真正形成；基于移动应用程序的手机广告，因为 IOS 支持的 iPhone 和 iPad 的火暴，以及安卓开放市场推动的智能机，而成为当下手机和移动终端广告的热门，在国外 IAD 和 ADMOB 已经比较成熟，在国内，模仿二者的广告管理平台已经有数十家，甚至平台的平台也有数家，随着智能机的普及以及应用本身的壮大，这个市场前景诱人。同时，因为国内这两类智能机的保有量刚刚超过千万量级，还是无法真正形成用户规模，所以给像 12580 生活播报这样的增值业务模型媒体和广告服务，还是留下了至少 3 ~5 年的时间窗口。

WHATEVER，面对现实，我们还是必须埋头苦干。无论对于用户，还是客户来说，12580 生活播报都是个很不错的选择。在快节奏的生活中，小小一份生活播报，随时随地随心情，看一下，动一下，转一下，别有滋味；就广告客户来说，“微媒体、大用户、高互动、强注意”这四个手机媒体特点，以及相对较低的成本，无论单独使用，还是放进媒体组合，都是明智的选择。

我们是媒体，或者说是媒体平台，这是我们对自身的定位。我们的广告服务是以 CPM 为核心辅以 CPC 的媒体模型，不是以 CPC/CPA 为核心的工具模型。依托与全国数十家传统媒体集团的紧密合作，我们为 4000 万用户提供与生活密切相关的新闻资讯和信息服务，这种与营销工具完全不同的定位，正是我们的核心价值之一。而相较于传统媒体，手机媒体的特性让我们能够充分实现与读者的互动——读者可以很方便地使用短信彩信上下行、直接在手机界面上拨打电话以及点击链接到网络这三种方式实现互动。特殊的是，我们的互动其实读者还是付出一毛钱/条的代价，进行的是有价值互动（上行收费，下行短信和彩信不收费），这点对于广告主而言，是有意义的。目前，每天仅基于内容的读者自主互动（点播、下载、问答、投票、上传自创内容）平均保持在20万人次/天，有营销活动或利益刺激的互动数远高于此。我们希望能尽快把读者互动人次稳定到1亿/年的水平。我们的特点就是："是媒体，高互动"。

依托中国移动的强大资源，我们的生活播报读者，含金量很高。电信属性事实上已经把读者进行了筛分。比如彩信功能的手机，本身在中移动近6亿用户中只有1/3；选择GPRS套餐的人群，相对规模又要小一些；全球通高端品牌用户为主的用户构成，再次进行区分。这三个电信属性，保证了生活播报的读者群是大众人群基础上的中高端收入人群。

再次，认识生活播报，一定要认识其四个"稀缺性"。目前，手机除了是通信工具之外，还是强大媒体的认识，在广告主和营销界应该是共识了。但发展阶段也罢，产业环境也罢，在手机媒体这个领域中，迄今为止，确实没有任何大规模产品可供选择，这是一个客观事实，因此12580生活播报是稀缺的；其次，由于彩信技术的限制，以及用户规模实在太大对运营商造成的流量压力，使12580生活播报这一产品的容量一般不超过50K，留给广告客户每天的广告位不超过6个，全年不超过2190个，一般大型品牌客户全年使用量即使控制在20次，事实上12580生活播报只能为不超过100个客户服务，而优势的核心广告位就少之又少，只能给行业前三名的大品牌服务，这是资源的稀缺性；目前，数字营销领域不乏优秀的媒体形式和广告服务，包括新浪微博在内的社会化媒体营销也开始成为趋势，但这些都是用户主动"PULL"的，以"PUSH"为核心的，具备大用户规模的，广告主能够主导和控制的服务，几乎很难找到，这种稀缺性在数字媒体中不可多得；第四，是时间窗口的稀缺性，手机是个天然的好载体，但其屏幕小、展现资源受限制，而读者的注意力也是有限的，因此，12580生活播报已经占据了这个阵地，很难再有更多的其他媒体服务占领，目前的时间窗口对于广告主也是噪音最少、干扰最小的，这个时间窗口是稀缺的。

我们从事手机媒体的人，很少有没看过朱海松老师书的。事实上，在卓越上，输入“手机媒体”、“无线营销”，跳出的书目，超过50%都是朱老师的著作。现在，这本最经典的再版为《第一媒体》，既是现实的判断，也是对未来的期许，在手机媒体这个已经开始、真正准备爆发的阶段，真是生逢其时。我们这支团队，和朱老师一样，想法成为信仰，一切皆有可能。

手机媒体时代，广告效果不需要第三方监测

陈志波　哲力广告董事长

日本大海啸又一次见证了人类在自然威力面前的渺小与无助，这也引起了我的一些联想，记得美国学者杰弗里·摩尔在关于技术产品生命周期的新摩尔定律的一个观点是：一场风暴到来时，大量的房屋被摧毁，大量的人员丧命，但有一个人或者一间小木屋卷入了龙卷风的中心，不但完好无损，而且还会安全降落在一片仙境里。技术变革的过程，就像是一场会造成巨大毁灭但能让少数企业活下来的龙卷风，摩尔要探讨的，就是企业如何置身于龙卷风的中心，不仅成为龙卷风暴中的幸存者，而且还成为龙卷风暴中最大的受益者。

五年前，当我创办单元科技的时候，开始的业务是应用短信，有不少的朋友问我，你是不是脑子有问题了，为什么一下子从卖几百万的东西转到卖几分钱的东西，因为在这之前我是做国外的高端 ERP 产品的，所以往往一个项目的金额会很大，当时我是这样想的，我是在做手机这个产业，应用短信只是一个切入点。我之前做了近 10 年的高端的应用软件市场，经历了从 DOS 平台从 Windows 平台到 Internet，在过程中，一个很明显的现象就是每次的技术革新就是对原有的产业规则的一次格式化，都会有一批原来做得不错的公司下降得很快或者消失了，同时有一批基于新的技术平台快速成长起来的公司，很像大型机时代的 IBM、小型机时代的 DEC 以及个人电脑时代的微软，互联网时候的 Google 一样，现在，马上要到来的手机互联网的时代我不想再错过了。在当时，短信应用是手机在企业应用中最成熟，同时是市场容量最大的一个产品，我希望通过短信应用达到两个目标：一是带领我的团队软着陆手机产业，二是建立起坚实的客户基础。四年多过去了，我们谨慎而快速的推进我们的发展计划，到目前为止，我们的团队达到了 100 多人，客户在全国超过了 1 万家，在华南地区超过了 5000 家，我们的服务从企业通讯平台到无线营销整合方案，目标只有一个，依托手机应用，全方位为客户提供一体化的解决方案。

今天的手机产业发展到什么样了呢？我想借用 Mongan stanly 最新出的一份关于无线互联网报告中的一些数据和观点，它把过去 IT 产业的发展分成了五个周期，并认为今天已经进入了第五个周期，就是移动互联网的周期。这个周期的其中一个趋势是：手机会成为个人电脑，个人电脑会成为服务器，云计算会取代服务器。

有一个消息告诉我们龙卷风来了，2010 年 5 月 27 日，苹果的市值超过微软，成为世界上最大的科技公司。Gartner 报告显示今年一季度全球手机销售量达到了 3. 147 亿台，比去年同期增长了 17%。

回到我们中国，今年最新的数字是，中国的手机用户是 8. 4 亿，相当于每两个人就有一个人使用手机，无线互联网的用户为 2. 77 亿。在中国，我们可以认为有上无线互联网习惯的人群是社会中的精英阶层，应用 2/8 法则，可以认为这 20% 的 2. 33 亿的人群掌握着 80% 的社会财富的支配权力，我想请问，当我们做市场营销的时候，我们怎能不高度重视这个群体呢？

哲力广告的定位是做无线整合营销的专家，我们“比技术更懂广告、比广告更懂技术”，我们力图基于手机媒体的精准、个众、互动的特点，整合网络媒体的优势，为客户提供性价比高，投资回报可视化的广告营销方案。

朱海松先生在他的《第一媒体》一书中用六个字概括了世界媒体发展史，那就是从被动、主动到互动，我们从简单的在家里看电视接受广告，到通过 Google 查找品牌信息，到目前的由用户创造内容社区，想信大家深有体会。有一个数字，在像广州这样的一线城市，我们早上从家里出门到晚上回到家的过程中，一整天里将通过各种渠道接触到的广告超过 1000 个，那最有可能被记住的广告将是哪几个呢？答案是你和这个广告产生互动的那则广告。随身性和易互动性是手机非常显著的特点，我们在为客户提供营销方案的时候，就充分地发挥这样的特点，利用会员短信、品牌彩信专刊、WAP 网站、互动通道和病毒传播这样手机特有的形式，为客户提供互动率高、回忆率高的可量化的广告方案。

另一方面，在《第一媒体》中，朱海松先生有一个重要的观点，营销的问题就是媒介的问题，我非常认同。朱海松先生曾在他的书中提到过这样的观点："手机媒体时代，广告效果不需要第三方监测！"，我深深地认同这一点，我们哲力广告已经实现了这一点！这是手机媒体颠覆传统广告方式的重要体现。我们在无线媒体投放方案中，尽可能做到精准、定向的投放，同时协助广告主进行实时、自主的广告效果监测。哲力广告自主研发并拥有知识产权的 EAGLE 无线广告发布与监测平台，是以数据库为核心的，利用手机移动终端客户端软件，通过移动数据库的采集、挖掘、管理，实现对营销广告活动推广过程和效果的追踪、监测、评估、优化等定量化管理的解决方案，能对广告主的目标受众和手机媒体的目标受众进行匹配，将所有消费者的访问行为数据和互动数据实时反馈到 EAGLE 平台中。我们是把 EAGLE 无线广告发布与监测平台开放给客户使用的，这样广告主对广告投放效果自然心中有数。目前这一平台已得到包括美国宝洁、美的、创维、娃哈哈、三星等众多知名品牌广告主的认可，已实施的市场实践产生了惊人的效果。

现在我们把广告的形式优化了，也把媒体的监测效果做到实时。从长期的角度来说，如何从系统的角度来提高我们在广告费用的投资回报率呢？我们称之为数据库营销，一个重点的目标：一年下来，我们一共投了 24 次的广告，分别是投到哪个媒体了，投放量是多少，互动率是多少，互动的数据有哪些，目标人群的行为特点有哪些，这样，我们积累了历史的、闭环的营销数据，我们就可以很清楚地知道，哪个媒体的效果好，哪些活动形式在哪个媒体上投入的效果好，哪个活动形式的互动率是比较差的，在下一年我们做营销方案的时候，心里就有数了，分析的价值就自然出来了。

移动互联网的“龙卷风”正在席卷而来！手机媒体正在从第五媒体迈向第一媒体，让我们共同迎接这历史洪流的到来吧！

发现台湾，从手机媒体开始

郑廉诚　上海互动投资有限公司董事长

承蒙手机媒体专家朱海松先生，将“台湾大发现手机报”作为案例收录在《第一媒体》一书中，并将之提到内地台湾综合信息手机报具有里程碑的高度，还特邀我为书作序并与读者分享：作为手机媒体台湾投资人，对内地手机媒体市场发展的认识。

在这里，我先借为书作序之机，感谢政府及企业的全力支持，使我建成了中国首个“台湾大发现”综合资讯手机传媒，并成为跨媒体、跨地域专业的台湾综合资讯平台。

我们目前拥有手机报、网站、广播、微博、展览等平台，并拥有内地台商、哈台粉丝等资源。同时，我们也是2011年中国内地12个省政府的“西博会，唯一内地台商招展平台”，更是内地众多媒体和专业机构所依靠和信赖的台湾新闻来源。我们期许：通过不懈的努力成为全球华语市场的“台湾综合信息第一媒体”。

我经常有机会协助两岸的官员进行交流，所以知道，很多台湾的官员第一次来内地都会被一个“大”字给震住，这种大的规模是他们的经验无法想象的，因此，一些台湾经验平移到内地并不适用。怎么办呢？

与此同时，随着两岸政策的开放，内地居民了解台湾的管道越来越多，也有越来越多的内地年轻白领透过台湾的偶像剧来了解台湾，这也不失为一种不错的选择。但我们仍然清晰地发现，仍有大部分内地居民对台湾还很陌生，谈起台湾依旧停留在阿里山、日月潭、台湾小吃、台湾明星、国民党、民进党这个层面。包括有些去过台湾的内地朋友说台湾很美、很干净，台湾人很有礼貌、很有人情味；也有去过台湾的内地朋友说台湾城市大楼都是旧旧的，还没有内地的好……这就是内地居民最简单、真实的声音。由此可见，他们对台湾内在文化依旧陌生，依旧不了解。

就有人常常问我，怎么会想到要设立“台湾大发现”这样一个跨媒体、跨地域的台湾综合资讯平台呢？其实，道理很简单——“爱台湾、让世界看到台湾！”这是我们最初建立“台湾大发现”平台的初衷。当初建立“台湾大发现”这个台湾综合资讯平台，就是希望两岸多点交流、透过各样的事物资讯、多样貌真实地把台湾传达出去，让更多内地甚至全世界的同胞都能多角度多方位知道台湾、了解台湾。所以，我们选择了内地居民每日最日常最便捷的手机媒体来传播，就是希望透过8.4亿的手机用户来传达最新的台湾信息及各类资讯，拉近两岸长期处于信息不对称的阶段，缩短两岸的信息差距，增进相互间的了解，让两岸更和平，老百姓生活更美好！

来内地经商的台商，脑子里都有闪过这样的想法：这么大的内地市场该怎么做？广告费用比台湾贵这么多，投放一定有效吗？商机如何捕捉呢？如何跟消费者及时有效沟通呢？如果有现成的手机媒体，该多好！

我们也观察到：内地居民透过手机完成的事越来越多，从手机打电话、发短信、上网、看电视、玩游戏、交友、购物、手机钱包付费；甚至很多政府官员、企业家用手机签发公文；手机正成为获取信息和娱乐最便利的终端，手机媒体不仅是传媒业和电信业的融合，更成为一种能够集所有媒体为一体、可随身携带的媒体中心。

因此，我们又建立了全球首个也是内地最大的白领“哈台粉丝俱乐部”，及正在构建中的拥有全国各省共105个的台协会的“台商服务中心”。这两个不同用户族群均是透过手机报来接收台湾信息的，并且能透过手机买到台湾名品、能透过手机传播最新商机，并透过手机微博进行互动交流，随时随地在第一时间内将台湾最新商业信息传达到消费者手中。我们努力帮助两岸商人透过“台湾大发现手机报”，一起分享8.4亿手机媒体市场带来的无穷商机，发现台湾，从手机媒体开始！

如果iSuppli预测没错的话，到2015年中国手机用户数量将达到13.8亿，我们乐观预见手机媒体将以信息和娱乐为主力高速崛起，以读者需求为导向，为读者提供个性化、提供客制化的信息，未来手机媒体市场将变成重要发展行业，研究消费者如何利用碎片化时间来获取信息和娱乐是必然的功课，手机媒体庞大的商机值得我们期待。

从《第五媒体》、《无线广告》、《无线营销》三本著作，进而到《第一媒体》，朱海松先生阐述了中国手机媒体的进化过程。《第一媒体》这书的命名我尤为赞赏。身为一位投资人，我正参与中国手机媒体市场与时俱进的巨大变化；见证中国手机广告市场发展规模仅次于日本的事实；经历中移动的12580生活播报年收入规模首次过亿的欣喜……这波趋势与我们当初的判断趋势相吻合，更与朱海松先生的看法一致：手机媒体的地位正在从第五媒体向第一媒体转变。

《第一媒体：手机媒体化的商业革命》值得你去学习、去研究。

2011年4月14日星期四

移动信息化是中国历史上的第五次信息革命

十多年前，北京白石桥路口竖起了一面巨大的牌子，上面写着："中国人离信息高速公路还有多远？向北1500米。" 这响亮的口号成了中国信息高速公路的标志性开端。十几年过去了，已有无数的中国人飞驰在互联网这一信息高速公路上。今天，当我们重新思考"中国人离信息高速公路还有多远"时，答案是："10厘米。"人们只要随时随地轻轻一按手机上网，就与天下互联了！第五媒体时代的移动互联网，正迅速推动人类迈向网络空间。移动信息所带来的前所未有的变革，将深刻地改变着我们的生活，在商业领域中，信息正成为一股新崛起的力量。

在20世纪90年代，信息已经成为总裁们运作公司的第四种力量，其他三种力量——人员、资金和机器设备已经存在多年。信息化是当今世界发展的大趋势，是推动经济社会变革的重要力量。进入21世纪，信息化对经济社会发展的影响更加深刻。广泛应用、高度渗透的信息技术正孕育着新的重大突破。信息资源日益成为重要的生产要素、无形资产和社会财富。信息网络更加普及并日趋融合。信息化与经济全球化相互交织，推动全球产业分工深化和经济结构调整，重塑全球经济竞争格局。互联网加剧了各种思想文化的相互激荡，成为信息传播和知识扩散的新载体。

人类文明史的发展无不与信息息息相关。中国古代的造纸术、指南针、火药、活字印刷术构成的四大发明也是人类文明史上的四次全球信息化革命。

公元 105 年，东汉的蔡伦在总结前人制造丝织品的经验的基础上，在洛阳发明了用树皮、破渔网、破布、麻头等做原料制造适合书写的植物纤维纸的方法，才使纸成为普遍使用的书写材料。造纸术的发明，是一次“**信息的压缩与存储**”的革命，是中华民族对世界文明作出的卓越贡献。

公元 1004—1048 年间，北宋人毕昇用质细且带有黏性的胶泥，做成一个个四方形的长柱体，在上面刻上反写的单字，一个字一个印，放在土窑里用火烧硬，形成活字。然后按文章内容，将字依顺序排好，放在一个个铁框上做成印版，再在火上加热压平，就可以印刷了。印刷结束后把活字取下，下次再用。中国的印刷术是人类近代文明的先导。印刷术的发明是人类文明发展史上“**信息的复制与漫延**”的革命。

战国时期，已发现磁石吸铁的现象，中国人用天然磁石制造“司南”。在北宋后期，指南针已用于航海，南宋时，使用针盘导航。这对海上交通的发展、中外经济文化的交流起了极大的作用。指南针的发明是“第一次全球一体化”的开端，加速了人类认识自己的过程，是一次“**信息的定向与时空一体化**”的革命。

火药的发明对世界科技的发展起了重大作用，公元 904—906 年间，中国在战争中开始出现火药箭。火药的发明使“文明的冲突”告别了冷兵器时代，在血与火的碰撞中推进。各种文明的信息就是在这样的交流中壮大与消亡的，火药的发明是第一次“**信息的爆炸**”。

今天，中国历史上的第五次信息革命正在上演，未来几年中国将有 10 亿人拥有手机，以手机为视听终端的移动信息化时代已经到来。第五次信息革命是以手机为平台、移动网络技术为依托的“**信息采集和传递**”的革命。移动信息化所带来的第五次信息革命使人们切实地感受到真正的信息经济时代已经到来了，信息技术正日益成为我们生活和工作中的一个重要部分。现代的成功企业着眼于对迅速变化的消费者需求的灵敏感知和反应。因为商业行为本身极大地依赖于信息的获得，商业信息时刻影响着商业利益。信息技术大大地降低了对信息的获取、解析及反应的限制，因而推动着这一剧变的发生和发展，信息技术对于企业的最大价值也就在于此。

2008 年 6 月，中国的信产部与国务院信息化工作办公室、国防科工委、国家烟草专卖局及发改委一部分职能合并，成立“工业和信息化部”，主要职责是推进中国的工业化和信息化，这将进一步促进信息在企业中的作用。作为第四种力量的信息技术不是后台支持系统，也不是远程通信技术，而是一种能提供业务解决方案的有价值的资源，涉及企业的方方面面。信息化是一种能剧烈变革组织结构、客户服务和内外交流方式的重要力量。在缩短运营周期、增强知识共享方面，信息技术是完成这些目标责任制的重要资源。近 25 年来，手机在科技领域内的重要性已经超越了曾经的王者——个人计算机。对于未来的网页技术的发展，蓝色巨人 IBM 的著名软件专家萨姆作出了如下预测：“如今的网页已经逐渐取代了计算机桌面平台，然而网页平台也在逐渐走向死亡，随着即时信息软件在年轻一代中的流行，未来即时信息将全面取代网页平台，而手机设备将成为即时信息软件最好的载体。”

以手机为代表终端的移动互联网，使得信息通过全时空的“移动”全面地渗透到了我们的日常生活，商务的发展更需要即时的信息处理，移动信息化技术无疑提供了一个全面的解决方案。移动信息让人们更深切地体会到第四种力量带来的冲击，移动互联网将与互联网共同推进中国的信息化进程，第四种力量将改变我们的生活结构。

第一章　手机是超级媒体、万能终端

一、手机是第一媒体还是第五媒体

2010 年 12 月 15 日，由中国新闻文化促进会主办、第五媒体研究中心承办的第五媒体发展论坛上发布了《第五媒体行业发展报告》。报告对何谓第五媒体给出了明确的定义，即基于无线通信技术，通过以手机为代表的移动终端，展现信息资讯内容的媒体形式。应用形式主要包括移动互联网门户网站、手机报和手机杂志、手机电视、手机社会网络、手机微博、电子阅读、二维码等。该报告指出：到 2015 年，中国市场手机用户将达到 13.8 亿，而手机网民则达到 10.6 亿，渗透率接近 77%。这些用户都将是第五媒体未来潜在的受众群体。届时，第五媒体的受众规模将远远大于其他媒体，成为名副其实的“主流媒体”，在规模上也是“第一媒体”（《第五媒体行业发展报告》第 28 页）。经过几年的实践，人们已经体验到手机媒体的几个第一：屏幕第一小，突发信息传播第一快，终端数量第一多，影响力第一广，受众人群第一大。手机作为重要的信息载体，正在释放出巨大的潜能。

2011 年 3 月 2 日，中国互联网络信息中心 CNNIC 发布了《第 27 次中国互联网络发展状况统计报告》。报告指出中国将是全球最大的移动互联网市场：“我国手机上网用户规模达 3.03 亿，较 2009 年年底增加了 6930 万人。手机上网用户占全部互联网用户的比例，从 2009 年年末的 60.8% 提升至 66.2%。其中只使用手机上网的用户有 4299 万，占全部互联网用户数的 9.4%。”“目前中国手机上网用户数量就已经相当于美国全国人口，而且这一数字还在继续快速增长中。”

在中国，手机媒体化应从战略高度来认识。我们知道大众媒体分为五大类：第一媒体是平面媒体，包括报纸、杂志等；第二媒体是广播；第三媒体是电视；第四媒体是互联网；第五媒体是手机。这种媒体的划分方式最早是由北京学术界的专家们界定的，我认同这种划分，并从传播和广告营销的角度定义了手机媒体。但是，从《第五媒体》出版之际，就有移动的朋友当面告诉我说，如果手机是媒体，应该是第一媒体。这种看法随着我与移动公司不同层面朋友的接触，有了更强烈的认识。许多移动运营商的朋友对把手机称为第五媒体不以为然，认为手机作为媒体，不应被排在第五位，而应是第一位。这种心理能理解，在某种程度上也是对的，但在把手机媒体究竟该划分为“第一媒体”还是“第五媒体”的认同上，却对移动信息化的行业应用有着不可估量的战略影响。

衡量一个媒体的重要性有许多指标，在媒体行业本身也有定性和定量的指标，如发行量、媒体的背景等，更重要的还是受众群体对媒体的权威性的心理认知。中央电视台被公认是权威和主流媒体，但在媒体的排序上电视属于第三媒体，央视可能并不在意这种排序，实质上把大众媒体分为五大类的做法，更主要的是强调手机的媒体属性具有大众化媒体的特征。

我在《第五媒体》一书中第一次提出了手机作为第五媒体的商业应用定义，明确地定义手机就是第五媒体，而同时在《无线广告》一书中，又鲜明地提出“手机不是媒体”的观点，认为手机相对是媒体，绝对是工具。当下人们认同了手机作为媒体的巨大潜力，但更要清楚地认识到手机的本性，手机除了可以传播信息外，还可以支付，可以遥控，可以下载，可以拍摄等等，这些特点告诉我们手机绝对是工具，只不过我们以传播的眼光来看待手机时，手机就是媒体。这两种认知上的不同必须要清楚明白地认识到，因为两种认知将导致在应用层面上的不同结果：是媒体就可以投放广告，是工具就可以构造解决方案，无论是外部的还是内部的。实际上互联网就具有媒体性和工具性两种属性，是媒体导向的应用就是网络广告和网络营销，是工具导向的应用就是电子商务平台。在过去的十年中，网络在商业和营销领域的应用的贬值就是这两种属性没有清晰地定义，人们在相互推介自己的应用服务时，网络广告的潜台词是网络是媒体，但听众理解的潜台词可能是商务平台，相反也一样。手机既是媒体又是工具说的是，如果手机是媒体，其应用导向就是精准的无线营销、无线广告；如果手机是工具，如作为支付工具的手机钱包，其应用导向就是移动电子商务。两种应用导向具有不同的应用体系和特点，也可构造出不同的应用理论。只不过当前中国市场的实际应用环境，倾向于手机作为媒体的应用前景相对于手机作为工具的移动电子商务应用前景更适应一些。但是要强调的是，无论是在营销广告应用还是商务应用上，手机的媒体性与工具性并不是完全割裂开的，如手机所具有的互动性是传统媒体投放效果的测量工具，所以一脑门子把手机作为纯粹的投放媒体来看并不全面。

如果手机被赋予了媒体的使命，移动信息化的行业应用将从此全面展开。行业应用大致分为移动政务、移动商务和移动营销，这其中移动营销的面是最广泛的。在中国，“营销的问题就是媒介的问题”，所以，移动营销的关键点是手机媒体的广告和营销应用。问题是，行业应用的主要对象是集团客户，即企业主和广告主必须要考虑到，当下中大型的企业主和广告主对媒体的认识和感受，在他们的心目中，能上中央电视台的品牌，一定是大品牌，一定是有实力的企业，因为老百姓也是这么认为的。如果你在与集团客户接触时，强调手机媒体是所有媒体的老大，是第一媒体，他们听着你坚定的陈述，心里可能会不以为然，在集团客户的心里，媒体也是有排序的。做品牌的形象广告，可能选择电视媒体；做产品功能介绍，可能选择报纸杂志平面媒体。中国每年的广告花费去到了 3000 多个亿，以互联网为代表的新媒体只能分到一个零头，不到 100 个亿，这是为什么呢？我们都知道，广告主也知道他的广告费有一半是“浪费”的，就是说有 1500 多个亿是“浪费”的，但为什么不浪费在新媒体上，非要“浪费”在传统媒体上呢？这是对媒体的认知心理在起作用，所以，必须要给集团客户一个强有力的理由来选择手机媒体。

当前，把手机定位在“第五媒体”是借助传统媒体的排序，轻而易举地让企业主在心理认知上知道了有手机媒体这个新生事物，认同了手机是媒体这件事，避免了在心理上对所谓“第一媒体”的排斥，所以，说手机媒体是“第五媒体”，完全是在移动信息化行业应用过程中与集团客户的一种沟通策略。

只有认同了手机是媒体的战略思维，才能谈如何落地，才能谈经营和运营，因为如果手机是媒体了，就要以媒体的规律和方式方法去运营，就要在内容和形式上从媒体的角度来经营，当前移动全面推出的手机报就是落地的开始。实际上在我的心目中，手机媒体既不是第一媒体，也不是第五媒体，而是超级媒体、万能终端。

二、手机媒体拉动的是无聊经济与促销经济

1. 媒介的碎片化是时间和空间的破碎化

当前中国媒介的现状是“媒介的碎片化”，而我们了解到“媒介是特定的时间与空间的接触”，所以“媒介的碎片化”就是指“时间的破碎化”和“空间的破碎化”。在商业领域中的解读就是这种媒介现状所催生的“无聊经济”。所谓“无聊经济”就是如何利用人们的“碎片化时间”开展形形色色的娱乐、休闲、消费等商业活动，人们在各类场合打开手机进行游戏、阅读、拍照、听音乐、搜索、购物等活动，众多的消费者正是在行色匆匆、百无聊赖之中，在这些不起眼的零碎时间里利用手机完成消费活动，如中国移动的彩铃在2010年销售达230亿元，手机游戏、手机阅读等基于手机的利用零零碎碎的时间开展的各种无线业务撑起一个个巨大的产业链。

2. “人性的弱点”是手机媒体的优点

手机媒体化深化了“人就是媒体”的意义，“人就是媒体”在移动互联网终端手机媒体上得到了空前的演绎。以手机为代表的移动互联网使凡是有人的地方就有媒介成为可能，媒介变得有生命了，媒介

不仅仅是人的延伸，媒介已经是充满个性、充满喜怒哀乐的、活生生的人。“人就是媒体”意味着什么？从商业应用的传播角度看，人性有弱点，爱占小便宜，对促销打折信息极其敏感，人性的弱点刚好是手机媒体的优点。所以，“人就是媒体”直接催生了“促销经济”，以网络新媒体所代表的新经济通过“碎片化时间”推动了“无聊经济”，人与媒体的融合，即手机媒体推动了“促销经济”的繁荣，反过来，“无聊经济”和“促销经济”又重新塑造了传统媒介生态。手机新媒体正发挥着塑造和控制的作用。

3．手机媒体方程：手机媒体＝无聊经济＋促销经济

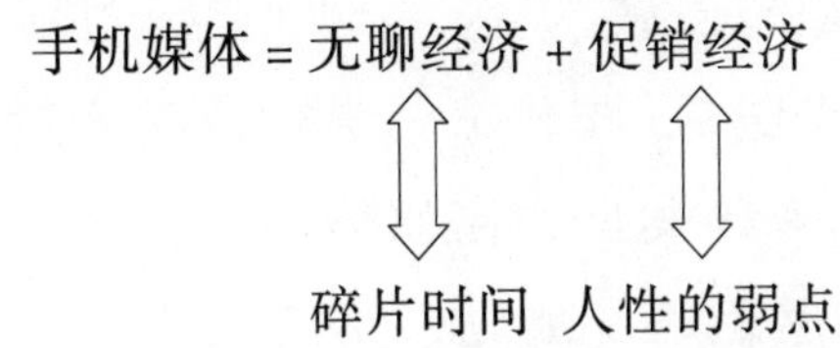

三、世界媒介发展简史：从大众到分众到个众

手机终端的普及，移动互联网的蔓延，让我们迎来了全网社会。数字时代的泛 IT 化社会生活无孔不入，网络信息化时代传统媒体发生剧烈的变革，发生了史无前例的媒介大融合，传统的媒介的话语权正在被稀释，媒介的权力中心向个人用户转移，手机让每个人可以成为信息发布者，从被动到主动，从接收到体验，从被灌输到去参与、去互动，世界媒体的发展历程也可以用六个字来概括：“大众”、“分众”和“个众”。

1．手机媒体的受众定义为“个众”

大众传播时代媒介的大众化经历了上百年的时间，分众传播体现了信息化时代信息爆炸人们对信息无处不在的无所适众，媒介传播的无孔不入引发的注意力经济、无聊经济使得精准营销大行其道。

2010 年 12 月推出的《第五媒体行业发展报告》指出：随着信息传播技术的不断变革，媒体的形式也不断地发生演进。媒体的演进主要有五个阶段：

第一阶段是基于印刷技术的纸质媒体，如报纸、杂志等刊物，主要展现的是文字、图片为主的信息内容，称之为第一媒体。第一媒体的受众又称为“读者”。

第二阶段是随着无线电技术发展而发展起来的广播媒体，传播的是音频内容，20 世纪 60—70 年代成为主流媒体。广播媒体也被称为第二媒体，其受众也被称为“听众”。

第三阶段是 20 世纪 80 年代后，随着卫星和有线视频信号传输技术的出现，以展现音视频内容为主的电视媒体流行起来，并成为主流媒体，受众也被称为“观众”。

第四阶段是 20 世纪 90 年代，信息传输技术进一步发展，互联网出现。由于能够展示多种类型的富媒体内容信息，并且带来了前所未有的用户体验，互联网迅速发展，并进入井喷期，跻身进入主流媒体行列，被称为“第四媒体”，开启了新媒体时代。其受众群体也称为“网民”。(《第五媒体行业发展报告》第 5 页)

到了当今的第五媒体时代，手机媒体的受众既是“读者”（手机阅读、手机小说）、“听众”（手机广播）、“观众”（手机电视），也是“网民”（手机上网），手机媒体的受众包括了所有媒体的接触特点，手机媒体是“口袋里的报纸”、“口袋里的收音机”、“口袋里的电视”、“口袋里的互联网”、“口袋里的分众”，手机媒体独有的“个性化”特点，使手机媒体的受众可以定义为“个众”。

2．手机充分演绎了“人就是媒体”

“个众”既是个体，又是大众。由于手机媒体的特点，“个众”既是自媒体、内容采集平台，也是发布平台，既是一对一的传播，也是所有人对所有人的传播。移动互联网使每个个体的人变成网络上的一个节点，人们随时随地在网上获取信息，人网合一，构成了一个扁平的、纵向的信息传播生态系统。以传统报纸业发展为例，从“一省一报”到“一城一报”再到以手机报为载体的“一人一报”，充分说明了以移动互联网手机为载体信息终端把人和媒体有效地结合在一起，

“人就是媒体”在移动互联网终端手机媒体上得到了空前的演绎。

四、世界营销发展简史：从被动到主动到互动

世界营销发展的历程可以用六个字来概括：“被动”、“主动”和“互动”。在计划经济的商品时代，营销是“被动”的；在市场经济的品牌时代，营销是“主动”的；在体验经济大行其道的网络时代，营销是“互动”的，“互动”就是参与和体验。网络媒体的特质是以“互动”为基础的，“互动”是由网络上“无组织的组织”，以网友们为代表的“自组织”来完成的。在网络时代，人不仅是旁观者，还是参与者，传播的过程是充满生机的、有生命的过程。

1. 中国营销现状：营销的问题就是媒介的问题

传播就是营销。营销的竞争就是传播的竞争，研究营销就必须研究媒体，所以对媒体的认知与研究就是对营销策略和传播手段的认知与研究，是对市场的战略研究。从一个媒体的运用就可以看出产品的市场定位、市场价值、渠道运用、目标人群，以及产品在市场上的战术战略。

同时我们要看到，中国的媒介环境异常复杂，媒体趋向于破碎化，媒介的形式五花八门，这使得人们从“媒介研究”向“传播研究”转移，即研究媒介的综合传播效果，这是激烈竞争的结果。从目前中国最大的媒介公司“实力传播”的名字就可以看出，原来叫做“实力媒体”的这家最有实力的媒介公司悄悄地把名字改成了“实力传播”，算是其定位策略的一次重大调整，这也预示着单纯的媒体研究是不够的，必须要注重传播效果和传播过程的整合。

研究媒体是所有营销人员必备的功课，媒体不单是媒介投放的载体，更是赢得营销战略的关键，媒介的问题就是营销的问题。一位企业界人士曾说：“如果你是营销专家，就必须是媒介专家；如果你不懂媒介，你就是假的营销专家，纸上谈兵的营销专家。”许多在一线的营销人士在身经百战之后，都会自觉或不自觉地把目光转向媒介的运用，

他们对媒介的选择从盲目投放到更趋理性，市场分析变成了媒介分析，营销战略紧紧扣住媒介策略，因为不论广告制作得多精美，最后仍要花大笔资金去投放，对媒介的选择更加小心，特别是媒介环境的异常复杂，使得对媒介的研究已成为战略研究。

2. 整合营销就是整合媒体

营销的问题就是媒介的问题。而媒介的破碎化使得营销的策划难度加大，媒介环境的异常复杂化，使得整合营销成了整合媒体，整合传播则变成了互动传播。

传播就是营销。媒介的破碎化使得传播的效果层层递减，迫使企业要对传播进行整合，对营销进行整合。“整合营销”（IMC：Integrated Marketing Communication）理论产生和流行于 20 世纪 90 年代，是由美国西北大学市场营销学教授唐·舒尔茨（Don Schultz）提出的。整合营销的内涵是：“以消费者为核心重组企业行为和市场行为，综合协调地使用各种形式的传播方式，以统一的目标和统一的传播形象，传递一致的产品信息，实现与消费者的双向沟通，迅速树立产品品牌在消费者心目中的地位，建立产品品牌与消费者长期密切的关系，更有效地达到广告传播和产品行销的目的。”整合营销是一种系统化的营销方法，具有自身的指导理念、分析方法、思维模式和运作方式，是对抽象的、共性的营销的具体化和个性化，是挑战营销环境的工具。在破碎化的媒介环境中，整合营销就是整合媒体。对于企业来说，整合营销是在识别细分市场的基础上，通过对目标消费者的深入研究，找到相对应的媒介形式对其锁定，所以媒介的定位就是目标消费者的定位，媒介的内容就是目标消费者感兴趣的内容，媒介的内容选择，如栏目策划、版位与时段等就是对消费者行为的指引，媒介本身的销售渠道更与企业的产品终端息息相关。

通过对媒介的整合可以最大限度地覆盖目标消费群。在整合媒介的过程中，要对读者进行定向和定性的研究，要了解消费者的媒介体验，通过针对消费者的体验，开发出适合的品牌，由品牌设计出沟通方式，实现品牌建造；由于媒介的破碎化，使得消费者的体验太多，产生了消费体验的抑制性，从而让消费者变得麻木不仁，所以有效地对消费者体验进行激发就成了媒介研究的重点，整合媒体所要做的，就是如何减少读者的抑制型体验，增加他们的激发型体验。现代媒体和传统媒体整合是必然的趋势。沟通方式应该多于产品和广告本身，创造更多的沟通方式，从而提高消费者对品牌的认知度，实现提高人们的媒介消费和视听时间的整合营销目的。

3. 整合传播就是互动传播

在第五媒体时代，整合传播实际上就是整合媒体，整合媒体就是媒体间的互动，媒体间的互动则导致对目标消费群的全方位覆盖。传播的互动性是指原有的传播主体信息源的主动地位正被打破，传播的受众已从被动式的接收传播信息变为主动的信息传播者，这是由于技术进步带来的社会变革。互动性则是指信息的接收者对传播的信息感兴趣，主动参与到信息发布者的信息发布过程中，互动传播也是受众传播、精确传播、有效传播。“超级女声”这个节目，从传播的角度，给我们的启示有两点：第一是定量化，第二是互动。几乎所有的传播媒体——广播、电视、报纸、杂志等各种媒介各显神通，而这些传播媒体也因为互动环节吸引了大量的受众，使得受众被所有的媒体覆盖在“超级女声”的影响下，“超级女声”更成为男女老幼茶余饭后的谈资。中国社科院在2006年的《文化蓝皮书》中提到，“超级女声”节目所连带出的整个产业链直接收益约7.6亿元，“超级女声”节目对社会经济的总贡献至少达到几十亿元。其中蒙牛集团作为赞助企业，先后为“超级女声”节目投放了1亿元的广告宣传费用，由于“超级女声”节目的互动效应，特别是媒体间的互动，使得蒙牛的传播效应不断地被放大，其旗下的“酸酸乳”产品成为蒙牛2005年利润增长的主要来源，由此赚取的毛利润至少为5.5亿元。

“整合传播”就是解决“对谁传播”“传播什么”“怎么传播”“在何时、何处传播”以及“如何使传播更为有效”等一系列问题的。“整合”中最重要的任务就是要积极、主动地去组织、协调所有传播渠道，使各个业务单元能够相互配合，而其中的关键就是能否让不同的传播渠道“互动”起来，达到四两拨千斤的效果。因此，在第五媒体时代，对整合也就提出了更高的要求，如果各种传播渠道各自为政的话，不仅会造成大量重复性的浪费，在传播效果上也往往会打折扣。

五、手机媒体对中国广告业的革命性影响

1. 中国互联网广告为何如此失败

2010 年 5 月 6 日中国社科院发布了《2010 年中国文化产业发展蓝皮书》。书中指出，在广告业方面，2009 年全年中国广告市场总投放达到了 5075. 18 亿元，艾瑞发布的 2009 年中国互联网广告投放是 200 亿元人民币，移动互联网的广告投放为 13 亿元人民币。互联网广告的数据告诉我们，互联网发展了这么多年，在网络广告上失败了！这里面主要有两个原因：第一个原因是政府不重视，影响巨大的互联网一直被主流媒体边缘化，导致其媒体特性不被正式认可，使得网络媒体发展严重滞后。第二个原因是互联网的经营者们没有系统地把网络当作媒体向广告主推介，同时也漠视网络媒体化的市场诉求，使得网络广告的赢利模式付出了巨量的时间成本，并使网络广告的价值被人为地贬值。手机媒体要避免网络广告的悲剧重演，必须坚定不移地推进手机媒体化战略，无论是官方的还是民间的。

2. 网络营销定义的理解偏差导致网络广告的投放障碍

是什么原因导致了这个结果呢？有非常多的原因，其中一个重要原因，就是关于网络营销的定义出矛盾了。网络营销的定义可以从两个方面去理解：第一，现在我们从事互联网行业的专业人士，基本上把网络营销定义为企业要先建一个网站，然后通过推广这个网站达到企业的营销目的，这叫网络营销。这对不对呢？这是对的。还有一个定义，是把互联网定义为媒体，互联网只是企业在市场营销活动中的一个媒体工具，这个定义也是对的。在分析这两个理解之前，我们再来看一组数据：中国有 4000 万中小企业，拥有自己的网站的不到 2%！所以说，如果你把网络营销定义为我刚才说的第一个，那就等于

你这个网络营销活动是非常高端的、狭窄的一个营销活动，而98%的广大中小企业，基本上是在第二个网络营销定义里面的，对于第一个网络营销的理解，企业认为是“电子商务”，而对于第二个理解，互联网行业是含糊不清的，实际上当前中国的网络营销理论更偏重于电子商务，而网络广告的实际应用理论基本上是空白。许多真知灼见仍散落在众多的文章中，还没有形成体系并得到全面的传播，当前仍处于摸索阶段。

3．网络营销 ＝ 网络传播 ＝ 网络广告

很多网络营销专家认为，网络广告和网络营销是不能画等号的，如果从广告投放的角度看，我认为刚好相反，网络广告在当前的中国市场环境中，与网络营销就是画等号的，因为在当前的中国，“营销的问题就是媒介的问题”，许多生产资料成本低、营销成本高的企业对此体会得更深一些。由于中国媒介环境的异常复杂，许多企业对媒介策划非常重视，并提升到企业的营销战略层面来规划，媒介战略就是营销战略。中国的企业营销界认可了“传播就是营销”这样的观点，在这种认识环境下，网络营销 ＝ 网络传播 ＝ 网络广告！如果不了解企业广告主的这种心理，就不会把网络当作媒体来认真对待，网络广告在近两年的快速增长更可能是广告主对传统媒介环境无可奈何的选择，所以确实像一些网络专家所说的，网络广告和网络营销需要重新定义，为下一个十年打下基础。

4．手机媒体是新媒体的杰出代表

在所有的新媒体形态中，只有手机媒体是数量巨大、影响巨广的，手机媒体将是不折不扣的大众媒体，以互联网为代表的第四媒体和手机为代表的第五媒体正迅猛地重新解构媒介生态。中国互联网人口超过4亿，用了15年的时间；手机上网人口接近3亿，只用了2年时间。在可预见的未来，手机上网将进一步推动中国社会的网络化程度。

5．互联网经营的是内容，无线互联网经营的是人

我们谈无线互联网的创新，首先要认清无线互联网和互联网到底有什么本质的区别：无线互联网和互联网形似而神不似，为什么？因为互联网经营的和无线互联网经营的是不一样的。互联网经营的本质无论是什么样的形式，如电子杂志、Web 2.0 等等，本质上是内容；无线互联网经营的本质却是人。而手机就是人，它是你的五脏六腑，是外在的器官，所以《第五媒体》一书的核心观点之一就是“人就是媒体”。什么叫以人为本，当你经营的是“人”的情况下，所有无线互联网的赢利模式和运营模式的设计如果不是围绕“人”，而还是延续互联网那种经营“内容”的思维，那么在无线互联网的行业应用上，那种认为无线互联网就是互联网在手机上面的延伸思维下开发出来的创新产品，注定失败！

6. 传统营销理念、现代传播手段、媒介化运营思维

互联网经营的是内容，而无线互联网经营的是人，当你认清了它们之间的本质区别之后，在你的业务创新上，很多独立 WAP 网站站长经营的就是人，已经不单单是内容了。以人为本，在这个核心指导思想下，你的运营模式和赢利模式就要充分反思一下。

7. 手机媒体的发展过程需要领袖级的企业

广告主认可手机媒体的时间取决于手机媒体的经营者，取决于手机媒体的经营者是否了解广告主对于媒体需求的思维，放眼中国市场，还没有一家移动网络企业旗帜鲜明地定位自己的业务是手机媒体，无线广告的发展需要领袖企业引领行业的发展。

8. 为什么中国无线广告的投放量如此之小

2009 年中国无线广告的投放量只有 13 亿，连中国广告投放的零头还不到，为什么？原因有很多，其中一个重要的原因就是，从事无线广告销售的企业基本上直接去卖广告而跨过了销售手机媒体这个环节。而当你跨过手机媒体直接销售无线广告时，广告主往往不会买你的账，但当你销售手机媒体时，他会认真考虑你的卖点。为什么？因为“营销的问题就是媒介的问题”，而不是“营销的问题就是广告的问题”。当手机是媒体的认知被普及之后，无线广告的投放量将大幅增长。无线广告，星星之火可以燎原。

9．两股力量推动手机媒体的发展

当前正有两股力量推动手机媒体的发展：第一是企业的需求，第二是传统媒体的觉醒。企业的需求体现在广告主对新媒体的关注持续升温，手机媒体作为新媒体中的突出代表必将会纳入到广告主的视野中。手机报的大发展就是传统媒体与新媒体相结合的产物。手机报的发展正使传统媒体经营的“一城一报”向“一报一网”再向“一人一报”推进。对于传统媒体：理解新媒体的现在就能掌握传统媒体的未来。对于手机媒体：理解传统媒体的过去就能掌握新媒体的现在。手机媒体化将不以人的意志为转移向前推进。

10．手机媒体对中国广告业的影响极其深刻

手机媒体将重塑广告媒体投放的格局，将推动中国广告业的结构升级，将对传统广告公司的架构产生影响，将对广告公司职能的定义产生影响，将对广告效果评估体系产生巨大影响，将对广告主媒介投放组合优化产生影响，将对广告主营销流程、销售管理产生影响，将对传统媒介的经营产生影响，将对传统生态圈产生影响。

手机媒体对中国广告业的革命性影响只有两个字：颠覆

朱海松于2010年9月28日在北京参加由中国通信学会主办的“2010中国手机新媒体发展高峰论坛”，现场以手倒立形式演绎手机媒体对产业的“颠覆”影响。（图片由中国通信学会提供）

六、沟通的基础在于共识

沟通的基础在于统一认识和达成共识。早在几年前，当移动增值

服务业如火如荼热火朝天地向前跃进时，传统的广告界和营销界却冷眼旁观，而现在的情形已经发生了微妙的变化，传统的广告服务业和营销界想了解电信业正在发生什么。与此同时，移动增值服务业也在苦苦寻找着新的利润增长点，这时行业应用进入了他们的视野。中国的企业每年在广告媒介上的花费近2000亿元，同时，电信业除了个人信息消费外，行业的集团应用也是主要利润来源之一，是移动增值服务不能忽视的领域。中国电信业的迅猛发展，正在改变中国企业传统媒介广告投放的格局，第五媒体的出现将分流电视广告和平面广告的投放，在可预见的未来，电视广告与平面广告会出现结构性的下跌，以电信为基础的新媒介完整出现后，新的广告投放格局将会出现。但是隔行如隔山，行业间存在着彼此认识上的鸿沟，《第一媒体》一书的目的就是尝试成为广告营销界与电信移动增值产业之间的一座桥梁。

我在《第五媒体》一书中提出了三个基本概念：即第五媒体、无线广告和无线营销。当前，仍有许多传播专家还在质疑手机作为媒体的可行性，而《第五媒体》一书则强调从商业应用的角度来谈手机作为第五媒体的定义，并尽量用广告营销界熟悉的语言来解读发展迅猛的手机增值业务。所以我首先定义了手机是第五媒体，然后才是营销手段，内在的逻辑思路是“传播就是营销”“媒介的问题就是营销的问题”“先认识媒介的实质，再谈营销”。在我接触过的一些SP圈中的朋友们那里，我发现许多SP们在推广利用手机短信的无线营销时，急于向企业说明手机增值业务是一种全新的营销方式，而跨越了手机就是媒体这一认识阶段，这将使得营销界和广告界人士初期对此将信将疑，我感觉SP们和网络界“高估了广告营销界对媒体的认知能力，低估了他们的营销理论水平”，这会使手机增值服务的行业应用和推广付出大量的时间成本。对一件新生事物的认识和认知不能达成共识，沟通效率必然会降低，沟通成本必然会上升。所以我强调从媒体的角度来阐述无线广告在第五媒体上的运用思路，从这一思路出发，我认为SP们开发的所有手机增值服务产品都是媒体，因为“媒介的问题就是营销的问题”“传播就是营销”，这已成为共识。所以谈营销方法一般会看采用何种媒体手段，通过媒体手段的创新就可以看到营销上的创新。由于近两年的短信泛滥，人们对手机短信广告的合理性提出质疑。所以在谈到无线广告定义的同时，强调了尊重个人隐私、遵守个人信息保护法是无线广告合理发布的最主要前提。另外，我认为正是由于手机作为媒体的独一无二性，未来让手机用户在移动互联网上主动搜寻广告在技术上是可行的，也是有吸引力的，所以在无线广告的研究中，如何使手机用户从被动接收广告变成主动搜寻广告，我想这将是企业和广告界需要认真研究的课题。

如果电信行业要推进手机增值业务的行业应用，就应当了解当今中国企业界在广告营销过程中最关心什么，在媒介选择上最担心什么，他们期待什么。另外，《第五媒体》一书以第五媒体的定义为基础，又提出了无线广告和无线营销的定义，紧紧围绕着第五媒体独特的分众、定向和互动的特点，来讨论媒体分众的量化，广告的定向发布，互动的跟踪，无线广告的效果及评估方法和标准，无线营销的可行性等等这些具有实操性的问题。

我在《第五媒体》一书中强调，如果从行业应用的角度来看，我们认识手机的思维范式要进行调整，即要认识到以手机为平台的传播方式首先是媒介，这样手机增值服务的所有内容均是不同形式的媒体，在此思维范式下，推导出无线广告、无线营销的应用方法和思路。

其实，手机已成为人们必不可少的生活用具，未来科技的进步将会使人们出门时只带手机就可以了，手机可以支付，可以查找信息，可以开锁，可以遥控等等，所以，我们认识手机的功能时需要用全新的思维来看待它。我认为，要想使移动增值业务向行业应用方向推广，必须要有一个基本思路和思维范式，要用企业和广告业熟悉的语言来交流和推介，这是一个相互学习的过程。

案例

让子弹飞，手机媒体上的“中央电视台”：12580 生活播报

2011 年 1 月 6 日，手机媒体专家朱海松先生应中国移动广东公司的邀请参加广州移动举办的“首届 12580 新媒体精英训练营”，并作了“让子弹飞，手机媒体上的中央电视台：12580 生活播报”的主题演讲。

据最新数据显示，中国手机用户已经突破 8.4 亿，移动互联网用户达到 2.77 亿。手机终端的发展已经成为“融合”的代表，手机新媒体也被称为第五媒体，以它良好的体验、快速的传播与共享、随时随地的特性，迅速成为行业关注的焦点。国家有关部门正在抓紧制定《手机媒体服务管理条例》。为了增进与各个合作伙伴的了解，为各位提供切实可用的媒体工具与模型，中国移动广东公司特别组织了这次精英培训营。

2009 年，中国移动推出了 12580 新媒体。2010 年，12580 新媒体强势增长。中国移动广东公司共与 9307 家商户开展了广泛、深入的媒体合作，这其中包含了“奔驰、宝洁、东风日产、光大地产、蒙牛、铁将军、创维、华尔街英语、半岛名轩”等知名企业。2010 年 12580 新媒体全国实现业务收入 1.2 亿，广东将近 5000 万元，而广州占广东市场的 40%。

从中国新闻出版总署发布的《2009 年新闻出版产业分析报告》来看，手机出版营业收入已占数字出版全部收入的 24.2%，超过传统的网络游戏居首位。此外，广东移动用户已经超过 8000 万，广州用户 1800 万，再加上彩信、流媒体等信息手段的普及，而企业对精确、互动广告的需求逐渐旺盛，这些都为手机媒体提供了健康、快速发展的土壤。

1. 手机媒体上的“中央电视台”

中国移动 12580 生活播报是中国移动目前规模最大、允许进行广告发布的手机媒体互动平台。经过两年的运营，中国移动 12580 生活播报已打造成为全国第一的手机媒体，是中国无线媒体、无线广告领

域一匹低调潜行的黑马，可以称得上是手机媒体上的“中央电视台”。以“掌·握·品质生活”为宗旨的12580生活播报，拥有移动媒体运营庞大的客户基础，全国目前已有超过4000万用户，其中北京、上海、广东、江苏、浙江、四川六大省区平均每省都有超过400万用户；全年全国的客户接触次数达30亿，也就是说平均每人每年接触达2.3次，而在广东这一数字更大，平均每人每年接触达5次。

《生活播报》彩信杂志全国已有4000万订阅用户，彩信折扣券广东订阅用户已达150万，除此以外，广东12580语音查询规模已达6000万，这些群体规模和细分都是12580移动媒体的价值所在。同时布局12580移动生活搜索，客户通过各种自助手段，如短信、手机客户端等，能更便捷地获取信息，可为商户搭建多渠道的信息发布平台。

中国移动12580生活播报每日发行，内容包括“每日生活资讯+主题专刊+读者互动”。除了包括汽车、地产、数码等每日专刊外，还有不断发展的“优旅行”“财富经”“淘乐汇”等精品刊。目前4000万用户中，以中国移动“全球通”用户为主，以“动感地带”用户为辅，超过90%的用户为月收入3000+人群。

除了每天向用户提供代表品质生活的资讯外，中国移动12580生活播报还通过插页硬广、刊头封面栏目冠名植入、专题专刊配合、调查投票、促销互动、语音后台支持等多种形式，帮助代表品质生活的产品和服务提供商们，传递其广告信息。

2. 12580生活播报的竞争优势

中国移动12580生活播报具有“微媒体、大影响、高互动、强注意”的特征：与微博是亲戚媒体，为“微阅读”时代的“微媒体”，潮流所系；12580生活播报用户规模超过4000万，主力人群为“2345”（23~45岁）和月收入3000+的人群，且仍在高速发展当中，在中国有同样用户规模的媒体屈指可数，是为大影响；读者可以通过短信、彩信上下行、12580电话呼叫和WAP、WEB链接总计五种方式灵活方便地进行充分互动，是为高互动；由于数据容量有限（50K左右）、信息条数有限（50条上下），使用其广告服务的客户可以获得读者稀缺的注意力，是为强注意。

“一对一”的无线媒体之“井喷”已成共识。然而进入大规模商用的成熟无线媒体屈指可数，中国移动12580生活播报恰为其中翘楚。“投媒体主投数字，投数字必投无线，投无线你别无可投，只有12580生活播报。”“移动、互动、行动”这是中国移动12580生活播报的特性，也已经成为中国品牌广告主投放移动数字媒体的共识。

3. 12580生活播报的广告客户

已有大量广告主选择了手机媒体上的“中央电视台”12580生活播报，沃尔沃、宝马、奔驰、奥迪、克莱斯勒、凯迪拉克、路虎、大众中国（汽车）；潘婷、吉列、清扬、心相印（快速消费品）；阿迪达斯、安踏（运动）；中华英才网、英孚（人才、培训）；BESTBUY、国美（商超）；浦发银行、太平洋安泰、信诚基金（金融）等等，已经有超过100个国际、国内品牌客户选择了12580生活播报。

广东移动的领导在谈到12580媒体发展的规划时提到：“简单地说，就是3－2－1。完善三大类产品，统一两大平台，坚持一个运营理念。2011年，将重点提供三种类型的媒体产品：一是语音类媒体产品，指客户拨打12580后，为商家做各种关联推荐，并以短彩信方式为商户提供传播平台；二是彩信类媒体产品，以《彩信折扣券》、《生活播报》为主，通过彩信为商家提供资讯发布；三是展示类媒体产品，通过12580会员杂志、终端的LED屏幕及无线音乐俱乐部线下活动等媒介来为商家提供品牌展示机会。两大平台包括：统一的12580媒体平台和完善的服务平台。媒体平台实现媒体投放统一管理、媒体受众标识、商户关系维护、媒体数据分析等功能；而服务平台，则是在整合内外部资源的同时，提供高效率、高质量、标准化的服务。一个运营理念，就是坚持“价值创新”。作为最大的电信运营商，中国移动一直坚持为客户和合作伙伴创造、创新价值。2010年，我们创新了10余种媒介形式，整合了移动公司的独有资源，客户很感兴趣。2011年，我们会将这些新的媒介产品落地、完善，并在营销推广模式、拓宽客户交互触点、提升品牌影响力与销量等多个方面为大家创新价值。”

手机媒体专家朱海松先生在“首届 12580 新媒体精英训练营”演讲

案 例

中国移动 12580 生活播报媒体说明书

中国移动
《12580生活播报》 | **媒体说明书**

《12580生活播报》是目前中国用户规模、收入规模最大的手机互动媒体平台

《12580生活播报》也是中国移动唯一允许进行广告发布的手机互动媒体平台

《12580生活播报》是中国移动12580产品体系中唯一的媒体业务

——由上海讯奇无线传媒有限公司独家运营

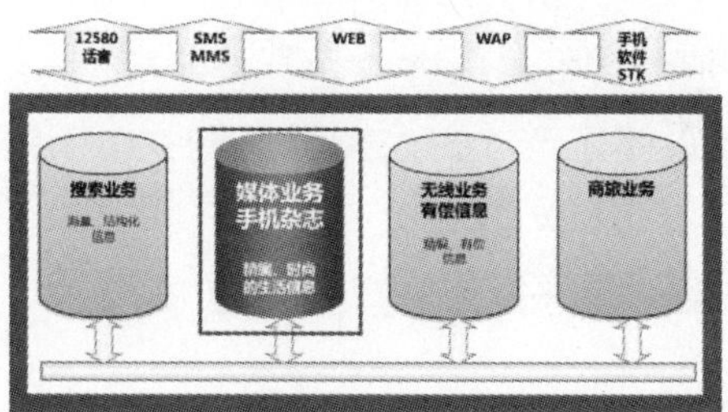

(中国移动12580产品体系)

12580生活播报 | **媒体要素**

规模大不大？

拥有超过4000万订阅人群！
这个量级的媒体，无线领域唯12580生活播报！

成本低不低？

CPM10元起！
覆盖全球通和动感地带为主的3000+人群，
千人成本足够低！

影响强不强？

是媒体平台，非单广告平台！
高互动、强注意、长时间伴随，因此改变和影响受众的能力当然很强！

——衡量媒体质量和投放效果的三大要素

12580生活播报 | **媒体特性**

- 手机媒体中的**中央电视台**
- 媒体七种武器中目前**唯一的大规模手机媒体**
  （广播/电视/报/刊/户外/互联网/手机）
- 全国总计数量“比一只手多比两只手少”的
  千万用户量级媒体之一，并且是唯一的手机媒体
  （央视、四大门户-新浪/搜狐/网易/腾讯、12580生活播报、三个非媒体平台-百度/淘宝/分众）
- 千万用户量级媒体中**唯一PUSH到人的媒体**

12580生活播报 | **媒体特性**

微媒体/大影响/高互动/强注意

广告MAD MEN江南春语录：

移动　互动　行动

12580生活播报 | **媒体特性**

精简化符合短阅读时代的阅读习性

本地个性化以地域划分，符合当地个性化阅读需求

生活时尚娱乐化覆盖消费民生衣食住行

高互动即时丰富的全方位互动

全时空无时无刻伴随，强受控

12580生活播报 | **媒体特性**

精简化

短阅读时代特征

社会节奏的加快，使人们进行长时间阅读的机会越来越少！

1. 使用手机以见缝插针式的**碎片化阅读**已成为主流阅读方式
2. 即便集中阅读，阅读习惯也多为**标题阅读、摘要阅读**为主

12580生活播报的精简化特点

1. 平均每帧字符不超过500个，全刊完整阅读时间10分钟以内
2. 资讯版块标题化、摘要化，平均每段资讯不超过100个字符

内容精简化赢得超高读者忠诚度

《12580生活播报》现有读者4000万，据中国移动数据中心统计，2009-2010年间，《12580生活播报》的读者流失率仅为5%以内。

12580生活播报 | 媒体特性

本地个性化

《12580生活播报》覆盖全国受众，并针对68个重点省市实行内容本地化，本地化内容占全刊内容的45%以上，以强化当地用户的内容实用性与归属感。

部分重点省市
华东：上海、杭州、宁波、温州、南京、无锡、苏州、安徽等
华北：北京、天津、吉林、河北、河南等
华南：广东21地市，广西等
西南：成都、重庆等

生活时尚娱乐化

提供6大类的生活资讯：本市、消费、理财、健康、民生、个性等

覆盖7大类的民生领域：汽车、房产、数码、美丽、健康、购物、财经等

融入有益有趣的互动娱乐体验：我爱段子、拍拍线人、壁纸点播、生日密码、摩奇晒物等

12580生活播报 | 媒体特性

高互动

① 拥有目前中国移动唯一实现短信上下行、彩信上下行的手机互动平台，只需打开《12580生活播报》，点击，即可实现即时互动

② 提供三大选择：短彩信互动、电话号码一键拨出、WAP网站一键登陆

③ 可实现700~800字的宣传，甚至7~8帧的宣传，从而实现大量延展阅读

即时性——每天向用户定时PUSH度身定制的资讯，用户喜欢就可马上实现与平台的多种互动

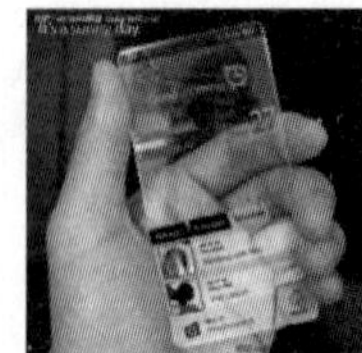

丰富化——碰触拨号、碰触上网、碰触点播等便捷的互动方式，充分实现“手机与手机、手机与座机、手机与电脑、用户和平台、用户和用户、用户和广告主”的全方位互动

12580生活播报 | **媒体特性**

高互动

CTR报告显示：平均有**15.6%**的受众参与过《12580生活播报》的短信互动

实践反馈：平均每周参与《12580生活播报》各类互动活动的人数已超过**20万**

互动案例——壁纸点播
下载量是各互动中的翘楚

互动案例——头条点播
以每日关注度极高的社会事件或新闻为主题，单独成刊

12580生活播报 | **媒体特性**

全时空

无时无刻无处不在

手机就像人体器官，24小时从不离身，走到哪带到哪，广告跟着手机走，手机跟着人走，不论白天黑夜，不论室内户外，是真正的无时不在、无处不在。

CTR报告显示：

随着伴随性阅读趋势的日益明显，《12580生活播报》作为一种理想的伴随性媒体受到人们的喜爱，并逐渐成为在碎片时间、等候时间的一种最主要的阅读媒体。

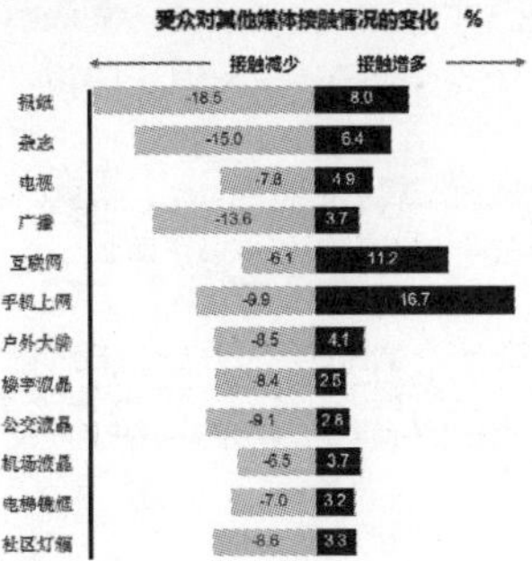

12580生活播报 | **媒体特性**

全时空

强受控作用

《12580生活播报》每天定时向全国4000万订制用户推送精简化时尚生活杂志，是目前千万以上用户量级媒体中，唯一的一个推送型媒体

- 电视、报纸、广播、网络是受众主导的媒体，受众有选择的自由，即用户不访问媒体，媒体就无法让用户看到
- 能不能强行把信息准确无误的推送到读者的面前，能不能用读者关注的内容把读者留住，成为考验一个媒体价值的重要因素

CTR报告显示：

- 发送成功率97.5%
- 打开率88.1%
- 阅读率89.7%

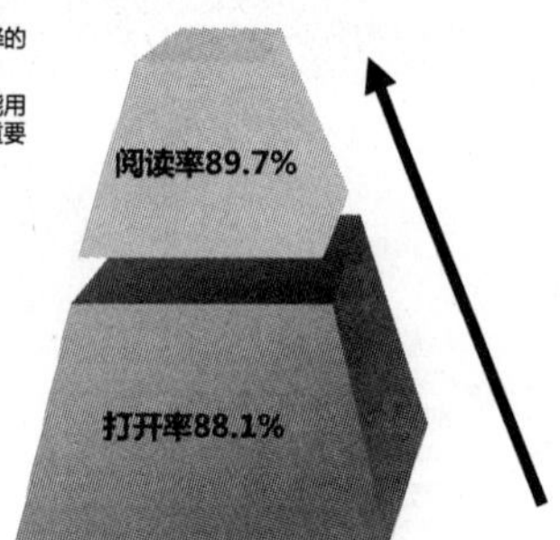

投媒体主投数字，投数字必投无线

投无线你别无可投——

唯有12580生活播报！

媒体合作伙伴

搜房 SouFun

中国新闻网 WWW.CHINANEWS.COM

南方都市報

权威机构

中国移动

中国消费者协会

中国商务部

中国移动
《12580生活播报》 | 受众介绍

12580生活播报 | **发行规模**

拥有超过4000万订阅人群
的大众手机媒体

《12580生活播报》是手机媒体里的 **NO.1**

12580生活播报 | 发行区域

重点六省	
省份	用户规模（万）
北京	550
上海	300
广东	660
江苏	430
浙江	430
四川	450
2,820	

50~100万规模省份	
省份	用户规模（万）
福建	140
河南	135
吉林	130
天津	82
陕西	75
云南	70
辽宁	70
重庆	65
广西	65
安徽	60
湖北	60
湖南	50
1,002	

50万以下规模省份	
省份	用户规模（万）
甘肃	40
内蒙古	20
宁夏	20
贵州	20
山东	10
河北	10
山西	10
海南	10
青海	10
新疆	10
江西	10
西藏	10
黑龙江	10
190	

12580生活播报 | 受众分析

CTR报告显示：

《12580生活播报》的4000万受众中，男女性别比例为6:4；接近一半为26~45岁的社会中坚层，比例达到48.7%；时尚活跃的年轻群体占43.9%，他们追求品质生活，具有很强的消费实力。

- 用户年龄分布在15~50岁，出生在70、80后的人群占67%
- 个人年收入5.73万，家庭年收入12.47万
- 全球通和动感地带之比6:4
- 免费和付费用户之比为6:4
- 男女比例为6:4

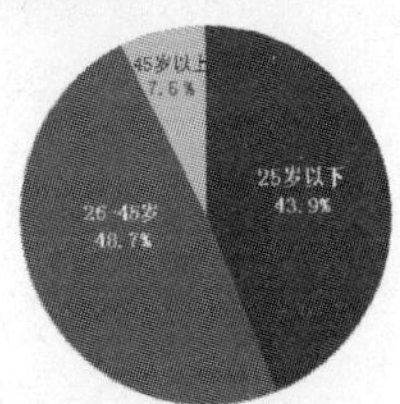

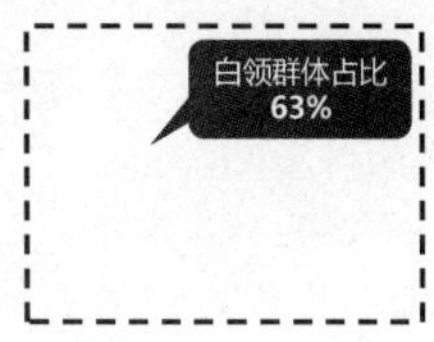

12580生活播报 | 受众分析

CTR报告显示：

从受众的学历水平来看，大专及以上学历的比例高达59.3%，可见受众的学历普遍较高，高等学历占到六成

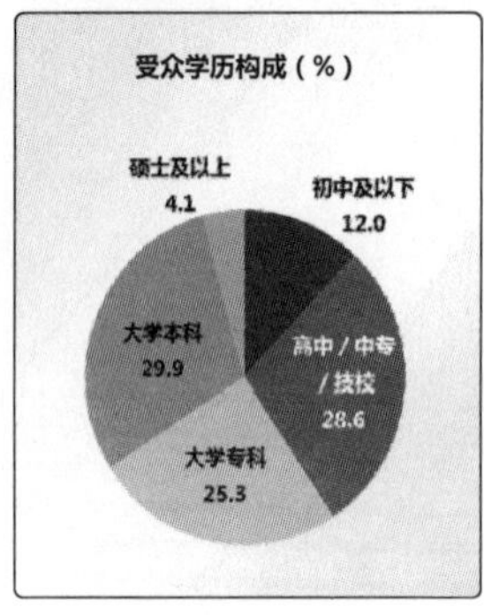

《12580生活播报》受众的收入丰厚，家庭平均年收入12.47万元，个人平均年收入5.73万元，保证了受众强劲的购买潜力

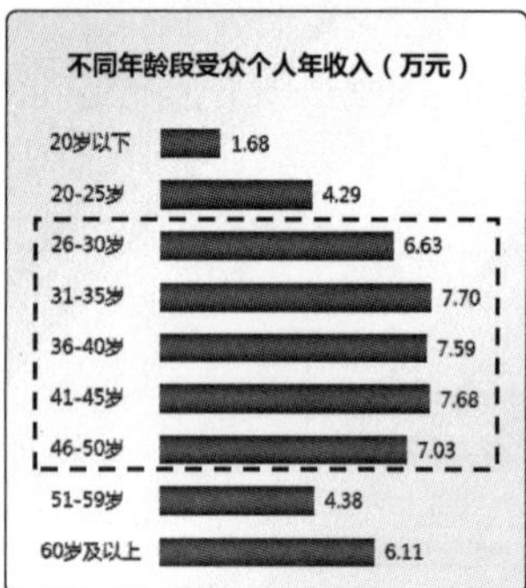

12580生活播报 | 受众分析

生活态度	认同比例	综合评分
我很注重我在这个社会中的地位	52.3	3.64
我更愿意买国外的品牌	33.0	3.12
我更喜欢去旅游	66.5	3.90
我喜欢成为大家的高素质的领导者	49.8	3.57
我喜欢结识更多生意场、社交圈的朋友	63.1	3.84
我希望能达到所从事职业的顶峰	72.3	4.06
希望品牌能够体现我的社会地位	49.8	3.56
与工作相比，我更注重享受生活	72.6	4.08
我追求有品位的生活	72.1	4.04
为享受高品质的休闲，多花一些钱也是值得的	64.7	3.86

注：评分为5分制，1分最低，5分最高

- CTR调查发现：《12580生活播报》的目标受众对“与工作相比，我更注重享受生活”、“我追求有品位的生活”、“我希望能达到所从事事业的顶峰”等语句认同度非常高
- 可见《12580生活播报》的目标受众很注重生活品位，懂得享受生活，愿意为高品质的生活花费金钱

中国移动
《12580生活播报》| 产品介绍

12580生活播报 | 产品架构

1个主刊+5大精品刊+数本精准专项特刊
覆盖汽车、房产、数码、美丽、品质、健康、购物、财经等民生领域

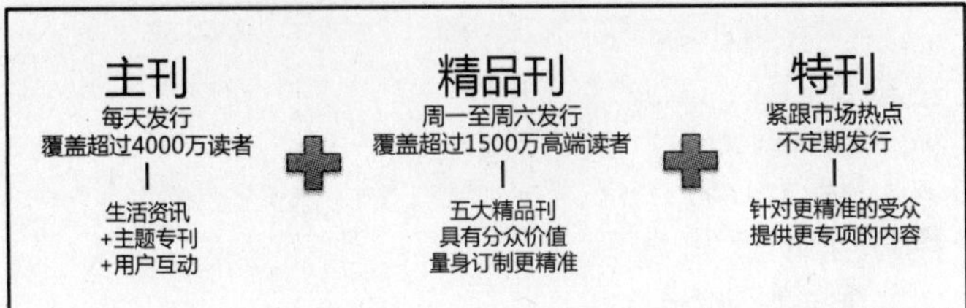

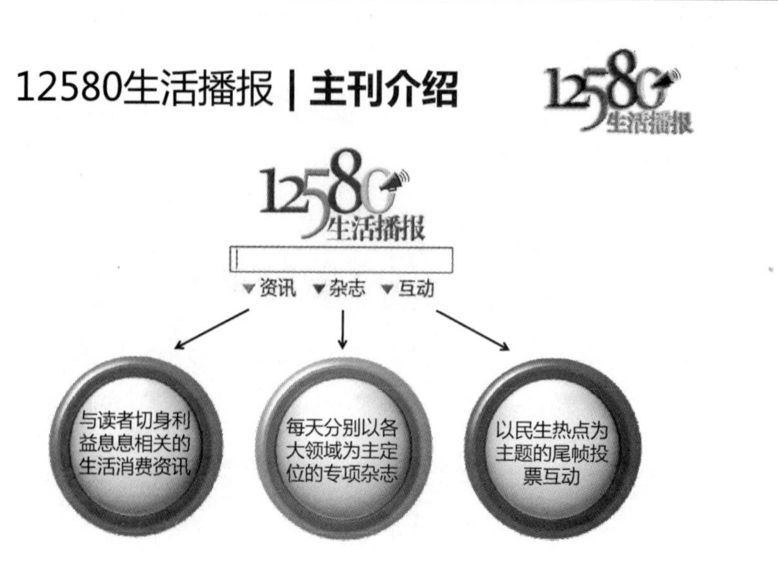

12580生活播报 | **主刊介绍**

主刊内容结构

每天**12帧**内容，由**3大**板块组成，覆盖全国超过4000万读者

生活资讯

- 第1至第3帧内容
- 涵盖本市、消费、理财、健康、民生、个性等6个基本大类

主题专刊

- 第4至第7帧内容
- 覆盖汽车、房产、数码、美丽、品质、健康、购物、财经等8大分类

用户互动

- 第8至第12帧内容
- 我爱段子、拍拍线人、壁纸点播、生日密码、摩奇晒物等栏目，展现出丰富有趣的短信、彩信和WAP互动内容

12580生活播报 | **产品架构**

主刊内容结构示意图

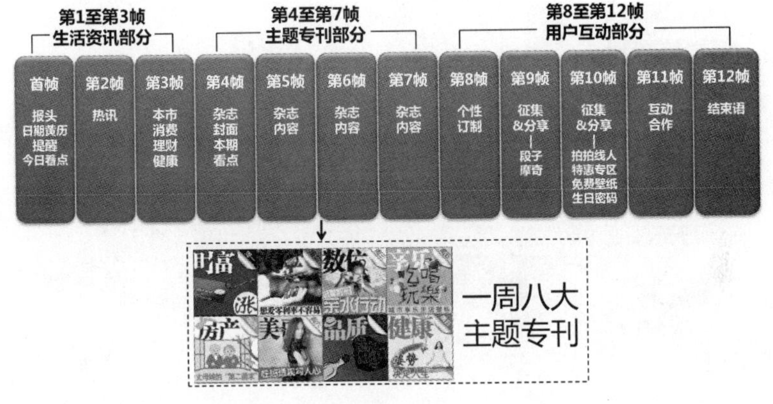

12580生活播报 | **精品刊介绍**

精品刊内容

《12580生活播报》拥有5大精品刊，包括淘乐汇、女人志、优旅行、财富经、地产客，覆盖全国超过**1500万高端读者**，主动定制，更具有分众价值。

12580生活播报 | 精品刊介绍

精品刊 **淘乐汇** 每周发行2期

《淘乐汇》全国用户超过500万

受众定位：中国移动动感地带用户

核心用户描述：纯净用户群是20~27岁人群，因为这个年龄段的人最具尝试新鲜事物的活力，是推动数据业务消费的主力军之一，也是在未来客户终身价值方面最有发展潜力的客户群体。

内容定位：以吃喝、玩乐为内容原点，以新鲜、潮流、趣味、实用为指标，满足新青年消费需求，**读《M-ZONE淘乐汇》，做潮流领导者！**

发刊周期：每周二、四发行

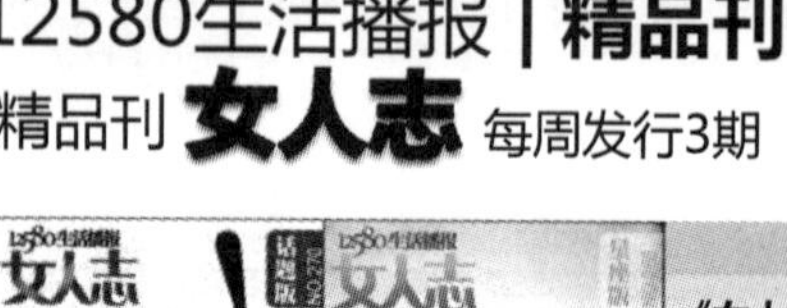

12580生活播报 | 精品刊介绍

精品刊 **女人志** 每周发行3期

《女人志》全国用户超过400万

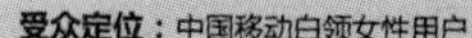

受众定位：中国移动白领女性用户

核心用户描述：面向主体为22~32岁的都会（北京、上海、广州等城市）女性。月收入5000元以上，月化妆品、时装消费1000元以上者。乐观、自信、追求高品质生活的都市白领，追逐时尚、乐于尝试新生活方式。

内容定位：以时装、美容、话题、生活为原点，以风格、时髦、趣味、实用为指标，贴心关注女性读者全方位的时尚生活需要。

发刊周期：每周二、四、六发行

12580生活播报 | **精品刊介绍**

精品刊 **优旅行** 每周发行2期

《优旅行》全国用户超过300万

受众定位：中国移动商旅族群

核心用户描述：对健康生活，旅游，风景名胜有着浓厚兴趣的驴友。

内容定位：一本定位于高端用户的品位旅程与优质生活资讯的手机旅行杂志。集合了奇妙旅行、环球优旅计划、慢品生活、活色生香，既是旅行中的手边书，也是一本风格生活杂志。

发刊周期：每周二（商务版）、周四（度假版）发行

12580生活播报 | **精品刊介绍**

精品刊 **财富经** 每周发行2期

《财富经》全国用户超过200万

受众定位：投资者和专业理财人士

核心用户描述：有一定经济常识、希望了解投资理财脉搏、把握投资理财方向的活跃人群；有一定经济实力、较为专业的个人投资者，年龄30~55岁，是国内主力投资群体。

内容定位：为中、高端投资者（基金、股票）提供专业时效的评述和分析。从市场分析，大盘走势等多方面对金融投资趋势进行剖析，精准地为用户提供最具市场价值的专业投资规划。

发刊周期：每周二、四发行

12580生活播报 | 精品刊介绍

精品刊 **地产客** 每周发行1期

《地产客》全国用户超过100万

受众定位：地产行业内的专业人士

核心用户描述：房地产圈内人士，涵盖开发商、代理商、广告、公关以及房产类媒体、二手房经纪人、家居品牌企业等，大多是企业中高层管理人员。

内容定位：反映房地产行业最新动态、政策走向分析、市场营销案例、老总心路历程等。形式上力求通俗易懂、内容上专业精准、格调上诙谐雅趣。

发刊周期：每周四发行

12580生活播报 | 特刊介绍

特刊内容

《12580生活播报》紧跟市场热点，不定期推出专项特刊，覆盖更为精准的读者群体，有效实现事件营销。由用户主动定制，覆盖全国超过1000万高端读者。例如：世界杯特刊、亚运特刊、车展特刊、糖酒会特刊等。

中国移动《12580生活播报》| 推广模式

12580生活播报 | 广告形式

六大利器为广告主提供

品牌营销、产品促销、会员维系等全方位推广服务

A异形报头	B资讯植入	C专刊专题	D插页硬广	E互动	F语音增值
	【消费】购思域得精品大礼 联想CIVIC限量版笔记本电脑，抢先拿！7月1日起购思域惊喜连连！详情请致电12580查询当地东风Honda各特约销售服务店。	沃尔沃S80L 2.5T	奔驰长轴距E级轿车 灵活购车理财方案 北京奔驰推出“首付25万起，剩余车款18个月后支		
• 位于首帧的黄金广告位，是第一眼内容，百分之百关注率	• 提供栏目冠名或资讯内容植入的软性广告合作	• 围绕客户需求策划并制作当期内容专题，并在杂志封面中植入客户的广告素材	• 设定6个常规广告位	• 12580生活播报独有的互动优势，调动用户互动乐趣，创造广告价值	• 包括12580来电转接、信息查询、挂机短信、品牌播报等服务
黄金强档	权威公正	润物无声	简单干脆	效果明白	增值服务

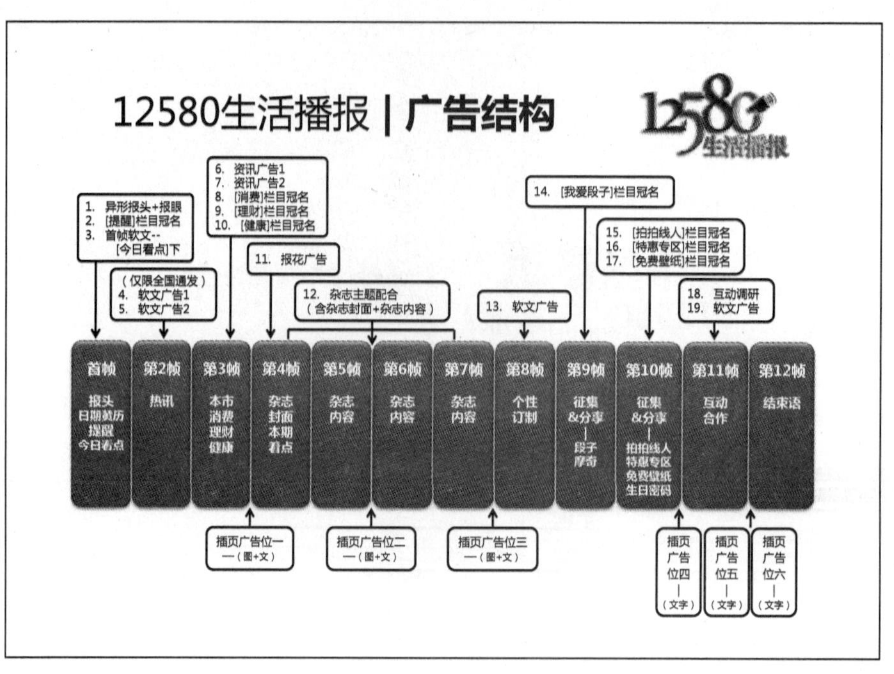
12580生活播报 | 广告结构
1. 异形报头+报眼
2. [提醒]栏目冠名
3. 首帧软文--[今日看点]下
(仅限全国通发)
4. 软文广告1
5. 软文广告2
6. 资讯广告1
7. 资讯广告2
8. [消费]栏目冠名
9. [理财]栏目冠名
10. [健康]栏目冠名
11. 报花广告
12. 杂志主题配合(含杂志封面+杂志内容)
13. 软文广告
14. [我爱段子]栏目冠名
15. [拍拍线人]栏目冠名
16. [特惠专区]栏目冠名
17. [免费壁纸]栏目冠名
18. 互动调研
19. 软文广告
首帧 报头 日期黄历 提醒 今日看点
第2帧 热讯
第3帧 本市 消费 理财 健康
第4帧 杂志 封面 本期 看点
第5帧 杂志 内容
第6帧 杂志 内容
第7帧 杂志 内容
第8帧 个性 订制
第9帧 征集 &分享 | 段子 厚奇
第10帧 征集 &分享 | 拍拍线人 特惠专区 免费壁纸 生日密码
第11帧 互动 合作
第12帧 结束语
插页广告位一—(图+文)
插页广告位二—(图+文)
插页广告位三—(图+文)
插页广告位四 |(文字)
插页广告位五 |(文字)
插页广告位六 |(文字)

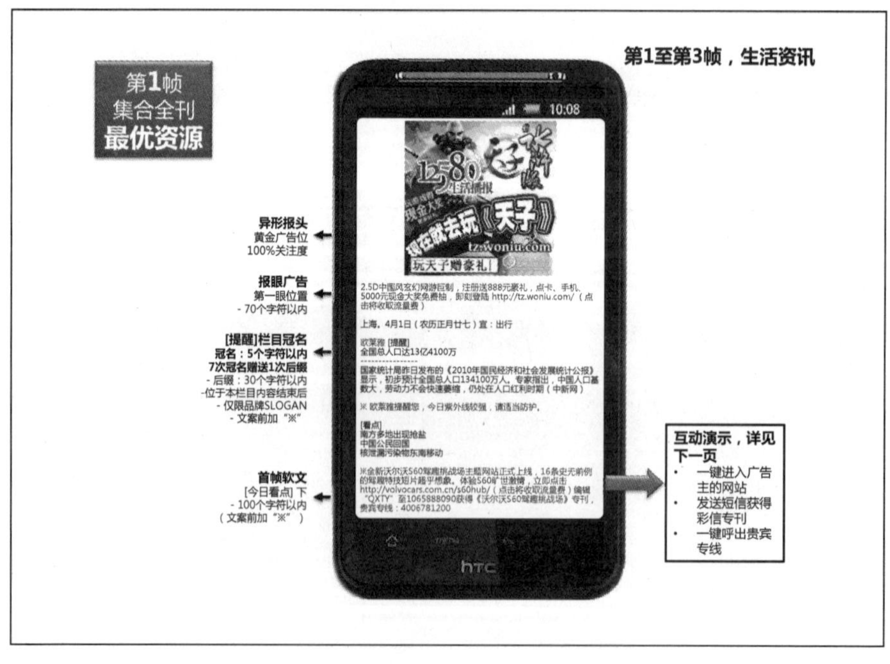
第1至第3帧，生活资讯
第1帧 集合全刊 最优资源
异形报头
黄金广告位
100%关注度
报眼广告
第一眼位置
- 70个字符以内
[提醒]栏目冠名
冠名：5个字符以内
7次冠名赠送1次后缀
- 后缀：30个字符以内
-位于本栏目内容结束后
- 仅限品牌SLOGAN
- 文案前加“※”
首帧软文
[今日看点] 下
- 100个字符以内
（文案前加“※”）
10:08
现在就去玩《天子》
tz.woniu.com
玩天子赠豪礼！
2.5D中国风玄幻网游巨制，注册送888元豪礼，点卡、手机、5000元现金大奖免费抽，即刻登陆 http://tz.woniu.com/（点击将收取流量费）
上海，4月1日（农历正月廿七）宜：出行
欧莱雅 [提醒]
全国总人口达13亿4100万
国家统计局昨日发布的《2010年国民经济和社会发展统计公报》显示，初步预计全国总人口134100万人。专家指出，中国人口基数大，劳动力不会快速萎缩，仍处在人口红利时期（中新网）
※ 欧莱雅提醒您，今日紫外线较强，请适当防护。
[看点]
南方多地出现抢盐
中国公民回国
核泄漏污染物东南移动
※全新沃尔沃S60驾趣挑战场主题网站正式上线，16条史无前例的驾趣特技短片超乎想象。体验S60旷世激情，立即点击 http://volvocars.com.cn/s60hub/（点击将收取流量费）编辑“QXTY”至1065888090获得《沃尔沃S60驾趣挑战场》专刊，贵宾专线：4006781200
htc
互动演示，详见下一页
• 一键进入广告主的网站
• 发送短信获得彩信专刊
• 一键呼出贵宾专线

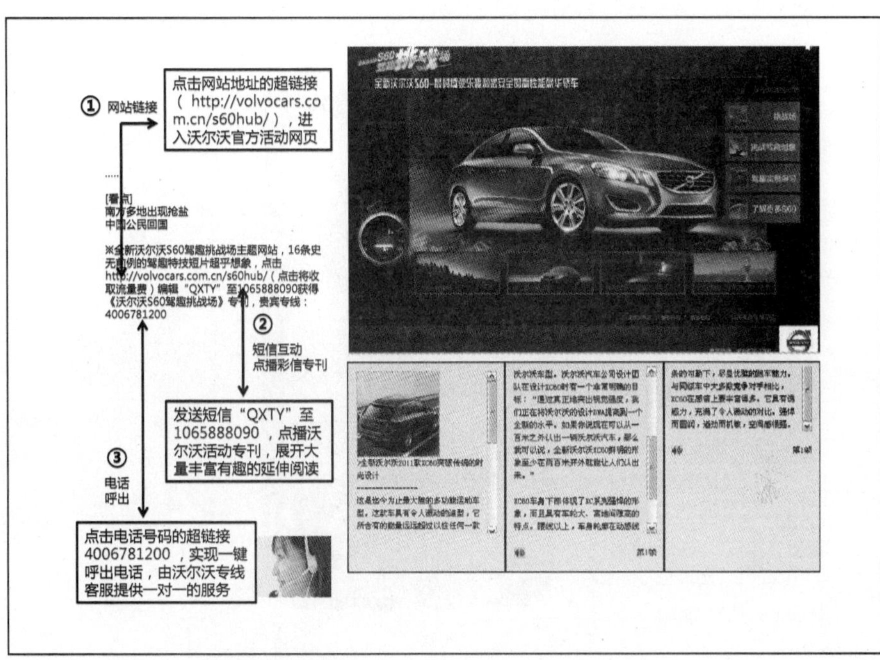

第4至第7帧，主题专刊

第4至第7帧，主题专刊

星期	主刊	内容
一	财富	提供高实用价值的理财内容
二	汽车	展现专业的车市分析，实用的购车指导内容
三	数位	提供及时有效的科技产品信息，及高消费数字专业新知
四	房产	展现专业的房市分析，实用的购房指导内容
五	享乐	高时效性的打折或优惠信息
六	美丽	权威的服饰、美容潮流分析，引领时尚潮流
六	品质	提供丰富的中高端消费品信息
日	健康	提供保持身、心俱佳的健康生活信息

插页广告位

插页广告位
图+文

广告位一：位于第**3**帧内容后
广告位二：位于第**5**帧内容后
广告位三：位于第**7**帧内容后

整体结构
图片
+文案大标题
+文案小标题
+分段文案

执行要求
- 图片规格：200像素(宽) X 176像素(高)，5K以内
- 文案大标题：9个字符以内
- 文案小标题：9个字符以内
- 分段文案：300个字符以内，平均每70~100个字符必须分段并空行

10:08

傲然科技 一触即发

凯迪拉克SLS赛威 2.0T SIDI共推出三款不同配置车型，售价为38.88万元起、SLS赛威2.0T SIDI延续了SLS赛威家族的豪华商务轿车定位，同时又展现出更新锐、更年轻的风格。

>静止到100公里/小时只需8.69秒
SLS赛威此次搭载的高性能2.0T SIDI涡轮增压直喷发动机，最大输出功率高达193千瓦（262马力），最大输出扭矩360牛·米，升功率接近100千瓦，从静止加速到100公里/小时只需8.69秒！

>百公里综合油耗不足10升
更为难得的是，搭载在凯迪拉克赛威2.0T上的发动机，集成了涡轮增压和缸内直喷技术，还有可变气门正时系统加以辅助和GMLAN总线对数据的高度集成处理，因此大幅提升动力的同时也有效降低了燃油消耗，其百公里综合油耗不足10升。

※详情请登录 http://www.lncadillac.com (点击将收取流量费)
欢迎莅临2月17日—2月20日凯迪拉克品鉴中心，参加SLS赛威2.0T新春品鉴会, 更有礼品相送!活动期间更可享25%超低首付,18个月免息贷!
地址：沈阳市铁西区北二中路8号，详情请咨询 02425506688

图片
- 200像素(宽) X 176像素(高)
- 5K以内

文案大标题
提炼广告核心内容
- 9个字符以内

文案小标题
提炼本段中心思想
- 9个字符以内

分段文案
- 全文300个字符以内
- 平均每70~100个字符必须分段并空行

插页广告位

插页广告位
纯文字

广告位四：位于第**10**帧内容后
广告位五：位于第**11**帧内容后
广告位六：位于**广告位五**后

整体结构
文案大标题
+文案小标题
+分段文案

执行要求
- 文案大标题：9个字符以内
- 文案小标题：9个字符以内
- 分段文案：300个字符以内，平均每70~100个字符必须分段并空行

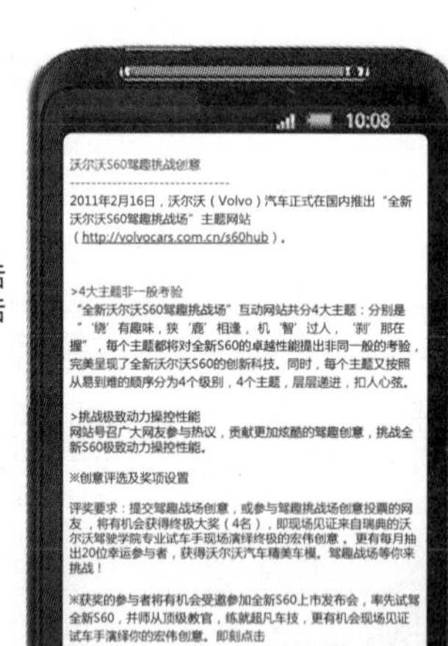

文案大标题
提炼广告核心内容
- 9个字符以内

文案小标题
提炼本段中心思想
- 9个字符以内

分段文案
- 全文300个字符以内
- 平均每70~100个字符必须分段并空行

12580生活播报 | 资源套餐

大客户专属的特权

套餐设置	资源组合
A套-报头套餐	异形报头+报眼+广告位三
B套-专刊配合套餐	首帧软文+主题专刊配合（含杂志封面和1-2帧内容植入）
C套-强效曝光套餐	首帧软文+广告位一
D套-长效冠名套餐	第2帧资讯栏目冠名+后缀（每周1期，全年共50期）

方寸之间，精彩无限
卓尔不群，领袖业界

案 例

中国移动12580生活播报2011年广告说明书

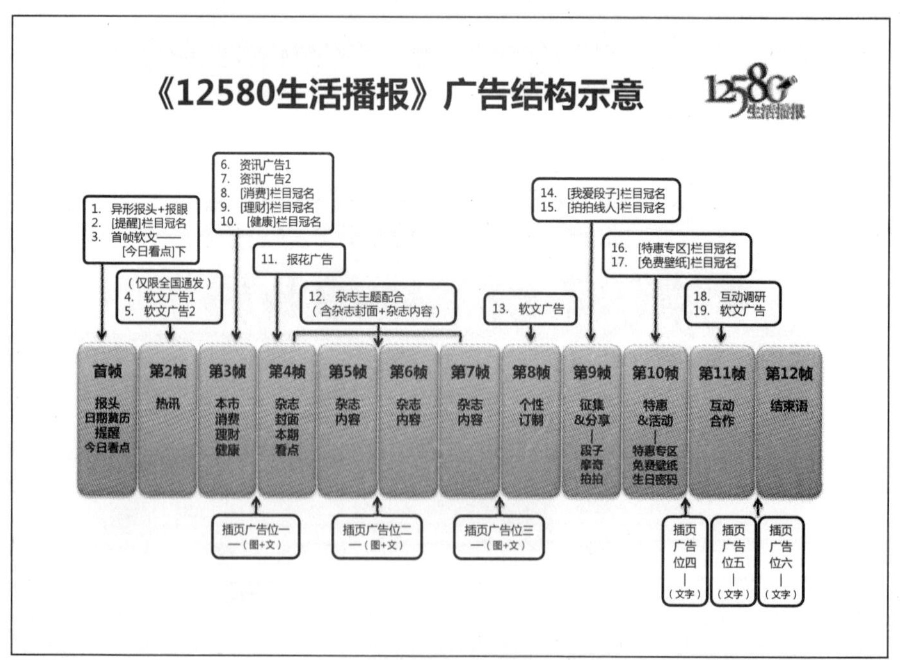

《12580生活播报》广告执行规范

帧数	内容版块	广告设置	广告规范
<1>	报头 日期黄历 [提醒] [今日看点]	1、异形报头+报眼	* 异形报头：10-15K以内（视当期广告容量而定，但要确保整体广告容量不超过30K）；报眼：70个字符以内
		2、[提醒] 栏目冠名	* 冠名：5个字符以内（7次冠名赠送1次后缀，后缀位于本栏目内容结束后，30个字符以内，仅限品牌SLOGAN，文案前加“※”）
		3、首帧软文--[今日看点]下	* 100个字符以内，文案前加“※”
<2>	热讯	4、软文广告1	* 100个字符以内，文案前加“※”（仅限全国通发）
		5、软文广告2	* 100个字符以内，文案前加“※”（仅限全国通发）
<3>	[本市] [消费] [理财] [健康]	6、资讯广告1	* 标题：9个字符以内，内容：100个字符以内（视行业和具体内容归到资讯栏目中）
		7、资讯广告2	* 标题：9个字符以内，内容：100个字符以内（视行业和具体内容归到资讯栏目中）
		8、[消费]栏目冠名	* 冠名：5个字符以内（7次冠名赠送1次后缀，后缀位于本栏目内容结束后，30个字符以内，仅限品牌SLOGAN，文案前加“※”）
		9、[理财]栏目冠名	* 冠名：5个字符以内（7次冠名赠送1次后缀，后缀位于本栏目内容结束后，30个字符以内，仅限品牌SLOGAN，文案前加“※”）
		10、[健康]栏目冠名	* 冠名：5个字符以内（7次冠名赠送1次后缀，后缀位于本栏目内容结束后，30个字符以内，仅限品牌SLOGAN，文案前加“※”）
插页广告位一		插页广告位一（图+文）	* 图片：200像素(宽)X176像素(高)，5K以内； 文案：300个字符以内（文案开头设有大标题，每段设置分段标题，9个字符以内，平均每70-100个字符必须分段并空行）
<4>	杂志封面	11、报花广告	* 100个字符以内，文案前加“※”
<5>	杂志内容	12、杂志主题配合	* 提前1周确定需求，含杂志封面+杂志内容
插页广告位二		插页广告位二（图+文）	* 图片：200像素(宽)X176像素(高)，5K以内； 文案：300个字符以内（文案开头设有大标题，每段设置分段标题，9个字符以内，平均每70-100个字符必须分段并空行）
<6>	杂志内容	12、杂志主题配合	* 提前1周确定需求，含杂志封面+杂志内容
<7>	杂志内容		
插页广告位三		插页广告位三（图+文）	* 图片：200像素(宽)X176像素(高)，5K以内； 文案：300个字符以内（文案开头设有大标题，每段设置分段标题，9个字符以内，平均每70-100个字符必须分段并空行）
<8>	个性订制	13、软文广告	* 100个字符以内，文案前加“※”
<9>	征集&分享	14、[我爱段子]栏目冠名	* 冠名：5个字符以内（7次冠名赠送1次后缀，后缀位于本栏目内容结束后，30个字符以内，仅限品牌SLOGAN，文案前加“※”）
		15、[拍拍线人]栏目冠名	* 冠名：5个字符以内（7次冠名赠送1次后缀，后缀位于本栏目内容结束后，30个字符以内，仅限品牌SLOGAN，文案前加“※”）
<10>	特惠&活动	16、[特惠专区]栏目冠名	* 冠名：5个字符以内；提示语：100个字符以内（要求给予用户一定优惠，且真实有效）
		17、[免费壁纸]栏目冠名	* 冠名：5个字符以内；提示语：100个字符以内；壁纸指定三个规格：240x317像素/320x240像素/360x470像素
插页广告位四		插页广告位四（纯文字）	* 文案：300个字符以内（文案开头设有大标题，每段设置分段标题，9个字符以内，平均每70-100个字符必须分段并空行）
<11>	互动合作	18、互动调研	* 提示语：100个字符以内
		19、软文广告	* 100个字符以内，文案前加“※”
插页广告位五		插页广告位五（纯文字）	* 文案：300个字符以内（文案开头设有大标题，每段设置分段标题，9个字符以内，平均每70-100个字符必须分段并空行）
插页广告位六		插页广告位六（纯文字）	* 文案：300个字符以内（文案开头设有大标题，每段设置分段标题，9个字符以内，平均每70-100个字符必须分段并空行）
<12>	结束语	/	/

《12580生活播报》广告执行五项原则

一、单个广告主在单期刊物的重复出现频率不超过两次

单期刊物中，单个广告主的广告投放形式不超过两种（含两种，“异形报头+报眼”算作一种广告形式）

二、首帧出现的广告主数量不超过三个

三、单个广告主在单期刊物的首帧广告形式中只选择一种

例如，选择“异形报头+报眼”，就不能同时投放“[提醒]栏目冠名”或“首帧软文”

四、资讯栏目中的第一条不是广告

五、资讯栏目冠名的广告形式说明

冠名：5个字符以内，7次冠名可赠送1次后缀（后缀位于本栏目内容结束后，30个字符以内，仅限品牌SLOGAN）

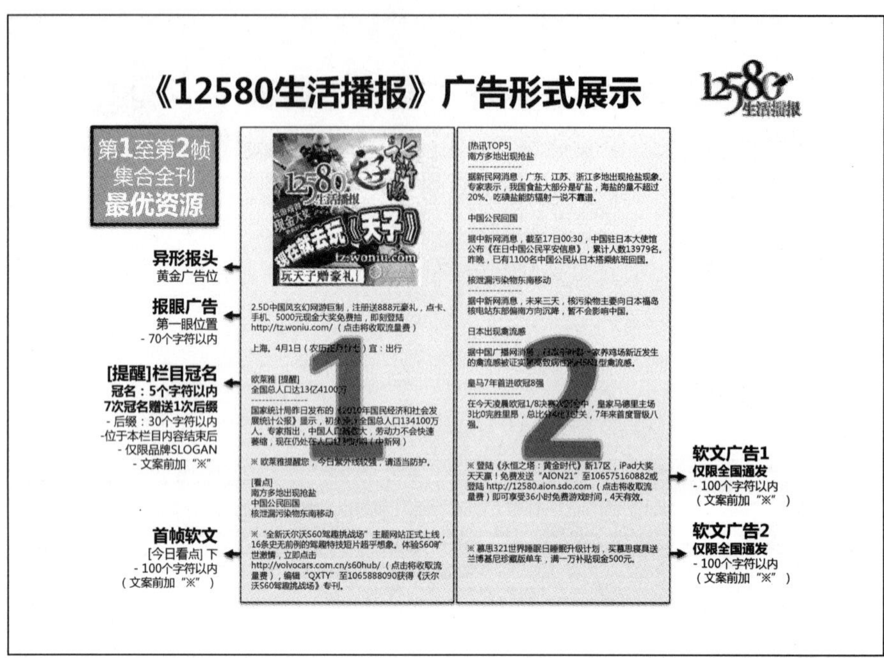
《12580生活播报》广告形式展示
12580生活播报
第1至第2帧
集合全刊
最优资源
异形报头
黄金广告位
报眼广告
第一眼位置
- 70个字符以内
[提醒]栏目冠名
冠名：5个字符以内
7次冠名赠送1次后缀
- 后缀：30个字符以内
-位于本栏目内容结束后
- 仅限品牌SLOGAN
- 文案前加“※”
首帧软文
[今日看点] 下
- 100个字符以内
（文案前加“※”）
现在就去玩《天子》
tz.woniu.com
玩天子赠豪礼！
2.5D中国风玄幻网游巨制，注册送888元豪礼，点卡、手机、5000元现金大奖免费抽，即刻登陆 http://tz.woniu.com/（点击将收取流量费）
上海，4月1日 宜：出行
欧莱雅 [提醒]
全国总人口达13亿4100万
国家统计局昨日发布的《2010年国民经济和社会发展统计公报》显示，全国总人口134100万人。专家指出，劳动力不会快速萎缩（中新网）
※ 欧莱雅提醒您，今日紫外线较强，请适当防护。
[看点]
南方多地出现抢盐
中国公民回国
核泄漏污染物东南移动
※“全新沃尔沃S60驾趣挑战场”主题网站正式上线，16条史无前例的驾趣特技短片超乎想象。体验S60旷世激情，立即点击 http://volvocars.com.cn/s60hub/（点击将收取流量费），编辑“QXTY”至1065888090获得《沃尔沃S60驾趣挑战场》专刊。
[热讯TOP5]
南方多地出现抢盐
据新民网消息，广东、江苏、浙江多地出现抢盐现象。专家表示，我国食盐大部分是矿盐，海盐的量不超过20%。吃碘盐能防辐射一说不靠谱。
中国公民回国
据中新网消息，截至17日00:30，中国驻日本大使馆公布《在日中国公民平安信息》，累计人数13979名。昨晚，已有1100名中国公民从日本搭乘航班回国。
核泄漏污染物东南移动
据中新网消息，未来三天，核污染物主要向日本福岛核电站东部偏南方向沉降，暂不会影响中国。
日本出现禽流感
皇马7年首进欧冠8强
在今天凌晨欧冠1/8决赛中，皇家马德里主场3比0完胜里昂，7年来首度晋级八强。
※ 登陆《永恒之塔：黄金时代》新17区，iPad大奖天天赢！免费发送“AION21”至106575160882或登陆 http://12580.aion.sdo.com（点击将收取流量费）即可享受36小时免费游戏时间，4天有效。
※ 慕思321世界睡眠日睡眠升级计划，买慕思寝具送兰博基尼珍藏版单车，满一万补贴现金500元。
软文广告1
仅限全国通发
- 100个字符以内
（文案前加“※”）
软文广告2
仅限全国通发
- 100个字符以内
（文案前加“※”）

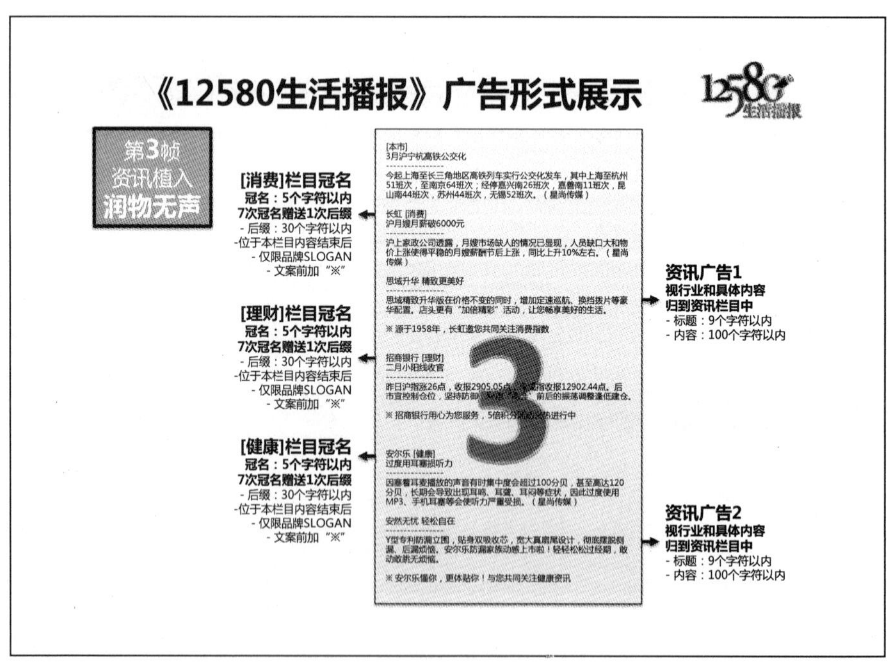
《12580生活播报》广告形式展示
12580生活播报
第3帧
资讯植入
润物无声
[消费]栏目冠名
冠名：5个字符以内
7次冠名赠送1次后缀
- 后缀：30个字符以内
-位于本栏目内容结束后
- 仅限品牌SLOGAN
- 文案前加“※”
[理财]栏目冠名
冠名：5个字符以内
7次冠名赠送1次后缀
- 后缀：30个字符以内
-位于本栏目内容结束后
- 仅限品牌SLOGAN
- 文案前加“※”
[健康]栏目冠名
冠名：5个字符以内
7次冠名赠送1次后缀
- 后缀：30个字符以内
-位于本栏目内容结束后
- 仅限品牌SLOGAN
- 文案前加“※”
[本市]
3月沪宁杭高铁公交化
今起上海至长三角地区高铁列车实行公交化发车，其中上海至杭州51班次，至南京64班次；经停嘉兴南26班次，嘉善南11班次，昆山南44班次，苏州44班次，无锡52班次。（星尚传媒）
长虹 [消费]
沪月嫂月薪破6000元
沪上家政公司透露，月嫂市场缺人的情况已显现，人员缺口大和物价上涨使得平稳的月嫂薪酬节后上涨，同比上升10%左右。（星尚传媒）
思域升华 精致更美好
思域精致升华版在价格不变的同时，增加定速巡航、换挡拨片等豪华配置。店头更有“加倍精彩”活动，让您畅享美好的生活。
※ 源于1958年，长虹邀您共同关注消费指数
招商银行 [理财]
二月小阳线收官
昨日沪指涨26点，收报2905.05点，深成指收报12902.44点。后市宜控制仓位，坚持防御，前后的振荡调整逢低建仓。
※ 招商银行用心为您服务，5倍积分进行中
安尔乐 [健康]
过度用耳塞损听力
因塞着耳麦播放的声音有时集中度会超过100分贝，甚至高达120分贝，长期会导致出现耳鸣、耳聋、耳闷等症状，因此过度使用MP3、手机耳塞等会使听力严重受损。（星尚传媒）
安然无忧 轻松自在
Y型专利防漏立围，贴身双吸收芯，宽大真扇尾设计，彻底摆脱侧漏、后漏烦恼。安尔乐防漏家族动感上市啦！轻轻松松过经期，敢动敢跳无烦恼。
※ 安尔乐懂你，更体贴你！与您共同关注健康资讯
资讯广告1
视行业和具体内容
归到资讯栏目中
- 标题：9个字符以内
- 内容：100个字符以内
资讯广告2
视行业和具体内容
归到资讯栏目中
- 标题：9个字符以内
- 内容：100个字符以内

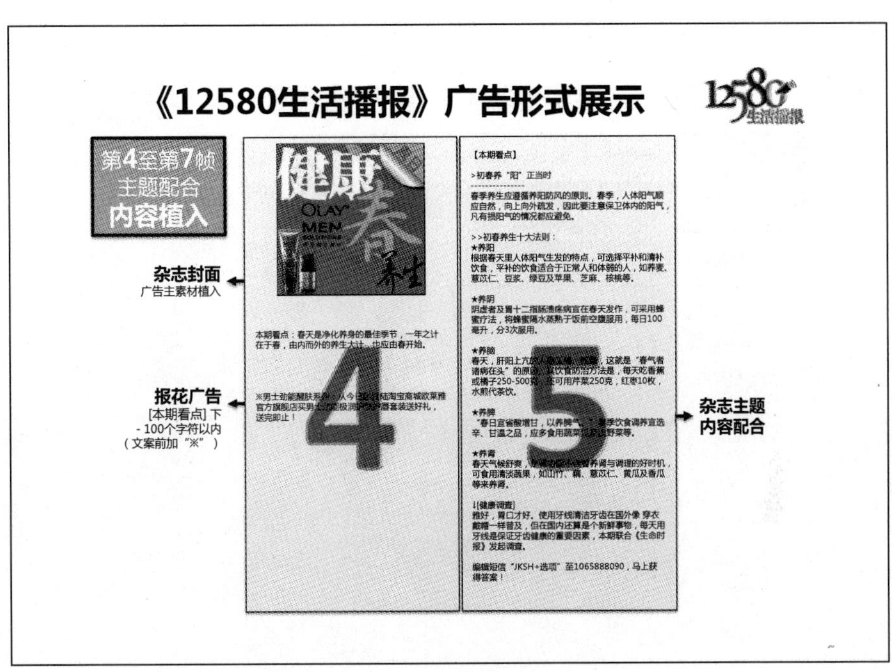
《12580生活播报》广告形式展示
12580 生活播报
第4至第7帧
主题配合
内容植入
健康
春
OLAY
MEN
养生
杂志封面
广告主素材植入
本期看点：春天是净化养身的最佳季节，一年之计在于春，由内而外的养生大计，也应由春开始。
报花广告
[本期看点] 下
- 100个字符以内
（文案前加“※”）
送完即止！
4
【本期看点】
>初春养“阳”正当时
春季养生应遵循养阳防风的原则。春季，人体阳气顺应自然，向上向外疏发，因此要注意保卫体内的阳气，凡有损阳气的情况都应避免。
>>初春养生十大法则：
★养阳
根据春天里人体阳气生发的特点，可选择平补和清补饮食，平补的饮食适合于正常人和体弱的人，如荞麦、薏苡仁、豆浆、绿豆及苹果、芝麻、核桃等。
★养阴
阴虚者及胃十二指肠溃疡病宜在春天发作，可采用蜂蜜疗法，将蜂蜜隔水蒸熟于饭前空腹服用，每日100毫升，分3次服用。
★养脑
水煎代茶饮。
★养脾
★养肾
等来养肾。
↓[健康调查]
雅好，胃口才好。使用牙线清洁牙齿在国外像 穿衣戴帽一样普及，但在国内还算是个新鲜事物，每天用牙线是保证牙齿健康的重要因素，本期联合《生命时报》发起调查。
编辑短信“JKSH+选项”至1065888090，马上获得答案！
5
杂志主题
内容配合

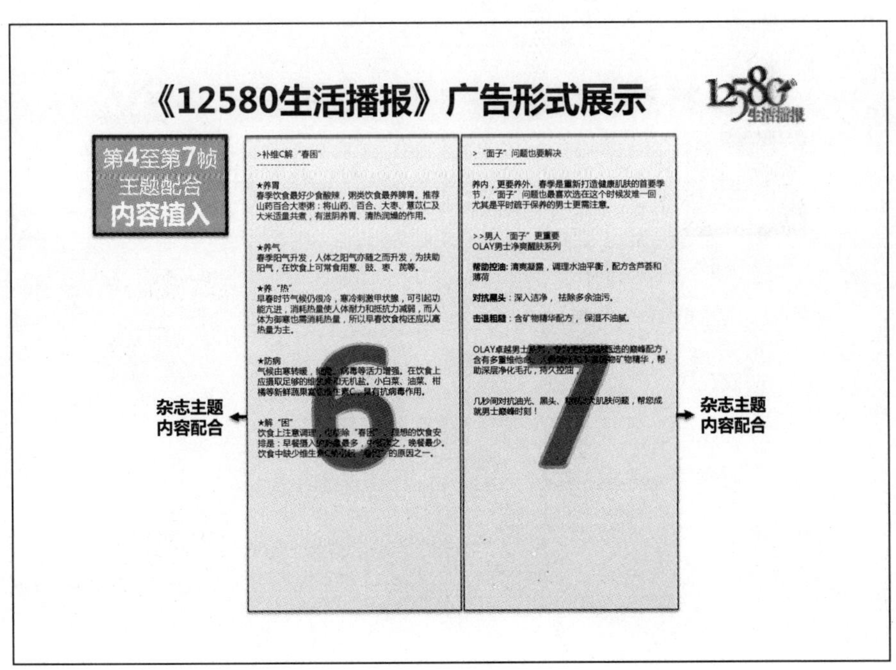
《12580生活播报》广告形式展示
12580 生活播报
第4至第7帧
主题配合
内容植入
>补维C解“春困”
★养胃
春季饮食最好少食酸辣，粥类饮食最养脾胃。推荐山药百合大枣粥：将山药、百合、大枣、薏苡仁及大米适量共煮，有滋阴养胃、清热润燥的作用。
★养气
春季阳气升发，人体之阳气亦随之而升发，为扶助阳气，在饮食上可常食用葱、豉、枣、芪等。
★养“热”
早春时节气候仍很冷，寒冷刺激甲状腺，可引起功能亢进，消耗热量使人体耐力和抵抗力减弱，而人体为御寒也需消耗热量，所以早春饮食构还应以高热量为主。
★防病
★解“困”
6
杂志主题
内容配合
>“面子”问题也要解决
养内，更要养外。春季是重新打造健康肌肤的首要季节，“面子”问题也最喜欢选在这个时候发难一回，尤其是平时疏于保养的男士更需注意。
>>男人“面子”更重要
OLAY男士净爽醒肤系列
帮助控油：清爽凝露，调理水油平衡，配方含芦荟和薄荷
对抗黑头：深入洁净，祛除多余油污。
击退粗糙：含矿物精华配方，保湿不油腻。
助深层净化毛孔，持久控油。
就男士巅峰时刻！
7
杂志主题
内容配合

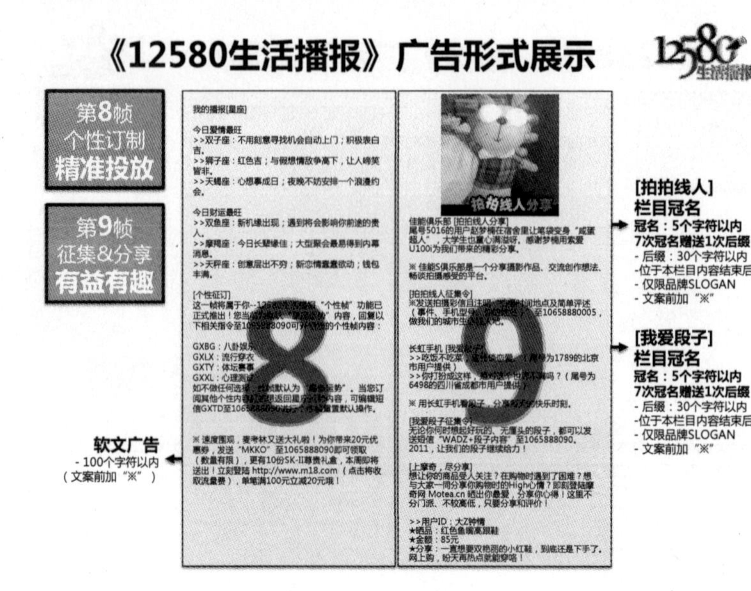
《12580生活播报》广告形式展示
12580生活播报
第8帧
个性订制
精准投放
第9帧
征集&分享
有益有趣
我的播报[星座]
今日爱情最旺
>>双子座：不用刻意寻找机会自动上门；积极表白吉。
>>狮子座：红色吉；与假想情敌争高下，让人啼笑皆非。
>>天蝎座：心想事成日；夜晚不妨安排一个浪漫约会。
今日财运最旺
>>双鱼座：新机缘出现；遇到将会影响你前途的贵人。
>>摩羯座：今日长辈缘佳；大型聚会最易得到内幕消息。
>>天秤座：创意层出不穷；新恋情蠢蠢欲动；钱包丰满。
[个性征订]
GXBG：八卦娱乐
GXLX：流行穿衣
GXTY：体坛赛事
※速度围观，麦考林又送大礼啦！为你带来20元优惠券，发送“MKKO”至1065888090即可领取（数量有限），更有10份SK-II尊贵礼盒，本周即将送出！立刻登陆 http://www.m18.com（点击将收取流量费），单笔满100元立减20元哦！
软文广告
- 100个字符以内
（文案前加“※”）
拍拍线人分享
佳能俱乐部 [拍拍线人分享]
尾号5016的用户赵梦楠在宿舍里让笔袋变身“咸蛋超人”，大学生也童心满溢呀。感谢梦楠用索爱U100i为我们带来的精彩分享。
※ 佳能S俱乐部是一个分享摄影作品、交流创作想法、畅谈拍摄感受的平台。
[拍拍线人征集令]
长虹手机 [我爱段子]
※ 用长虹手机看段子，分享每天的快乐时刻。
[我爱段子征集令]
无论你何时想起好玩的、无厘头的段子，都可以发送短信“WADZ+段子内容”至1065888090。2011，让我们的段子继续给力！
[上摩奇，尽分享]
想让你的商品受人关注？在购物时遇到了困难？想与大家一同分享你购物时的High心情？即刻登陆摩奇网 Motea.cn 晒出你最爱，分享你心得！这里不分门派、不较高低，只要分享和评价！
>>用户ID：大Z钟情
★晒品：红色鱼嘴高跟鞋
★金额：85元
★分享：一直想要双艳丽的小红鞋，到底还是下手了。网上购，盼天再热点就能穿咯！
8
9
[拍拍线人]
栏目冠名
冠名：5个字符以内
7次冠名赠送1次后缀
- 后缀：30个字符以内
-位于本栏目内容结束后
- 仅限品牌SLOGAN
- 文案前加“※”
[我爱段子]
栏目冠名
冠名：5个字符以内
7次冠名赠送1次后缀
- 后缀：30个字符以内
-位于本栏目内容结束后
- 仅限品牌SLOGAN
- 文案前加“※”

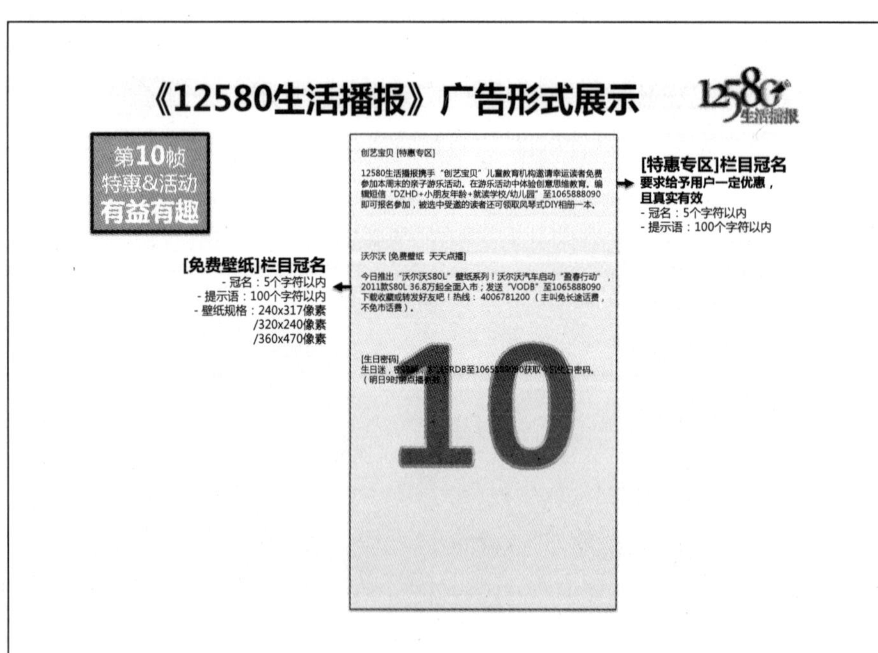
《12580生活播报》广告形式展示
12580生活播报
第10帧
特惠&活动
有益有趣
创艺宝贝 [特惠专区]
12580生活播报携手“创艺宝贝”儿童教育机构邀请幸运读者免费参加本周末的亲子游乐活动。在游乐活动中体验创意思维教育。编辑短信“DZHD+小朋友年龄+就读学校/幼儿园”至1065888090即可报名参加，被选中受邀的读者还可领取风琴式DIY相册一本。
沃尔沃 [免费壁纸 天天点播]
今日推出“沃尔沃S80L”壁纸系列！沃尔沃汽车启动“盈春行动”，2011款S80L 36.8万起全面入市；发送“VODB”至1065888090下载收藏或转发好友吧！热线：4006781200（主叫免长途话费，不免市话费）。
[生日密码]
10
[特惠专区]栏目冠名
要求给予用户一定优惠，且真实有效
- 冠名：5个字符以内
- 提示语：100个字符以内
[免费壁纸]栏目冠名
- 冠名：5个字符以内
- 提示语：100个字符以内
- 壁纸规格：240x317像素
/320x240像素
/360x470像素

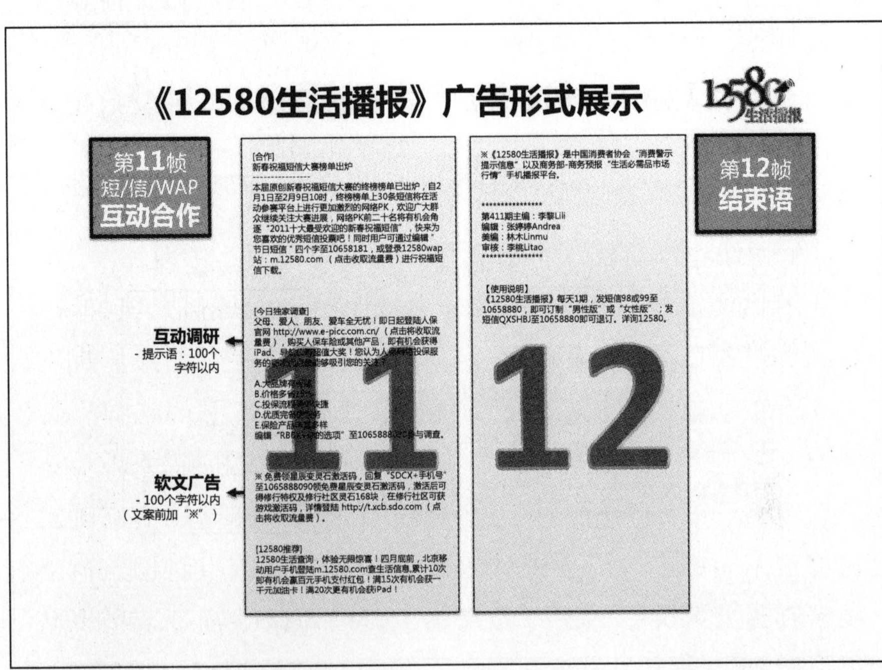
《12580生活播报》广告形式展示
12580生活播报
第11帧
短/信/WAP
互动合作
[合作]
新春祝福短信大赛榜单出炉
本届原创新春祝福短信大赛的终榜榜单已出炉，自2月1日至2月9日10时，终榜榜单上30条短信将在活动参赛平台上进行更加激烈的网络PK，欢迎广大群众继续关注大赛进展，网络PK前二十名将有机会角逐“2011十大最受欢迎的新春祝福短信”，快来为您喜欢的优秀短信投票吧！同时用户可通过编辑“节日短信”四个字至10658181，或登录12580wap站：m.12580.com（点击收取流量费）进行祝福短信下载。
[今日独家调查]
父母、爱人、朋友、爱车全无忧！即日起登陆人保官网 http://www.e-picc.com.cn/（点击将收取流量费），购买人保车险或其他产品，即有机会获得iPad、
互动调研
- 提示语：100个字符以内
※免费领星辰变灵石激活码，回复“SDCX+手机号”至1065888090领免费星辰变灵石激活码，激活后可得修行特权及修行社区灵石168块，在修行社区可获游戏激活码，详情登陆 http://t.xcb.sdo.com（点击将收取流量费）。
软文广告
- 100个字符以内
（文案前加“※”）
[12580推荐]
12580生活查询，体验无限惊喜！四月底前，北京移动用户手机登陆m.12580.com查生活信息,累计10次即有机会赢百元手机支付红包！满15次有机会获一千元加油卡！满20次更有机会获iPad！
11
※《12580生活播报》是中国消费者协会“消费警示提示信息”以及商务部-商务预报“生活必需品市场行情”手机播报平台。
****
第411期主编：李黎Lili
编辑：张婷婷Andrea
美编：林木Linmu
审核：李桃Litao
****
【使用说明】
《12580生活播报》每天1期，发短信98或99至10658880，即可订制“男性版”或“女性版”；发短信QXSHBJ至10658880即可退订。详询12580。
12
第12帧
结束语

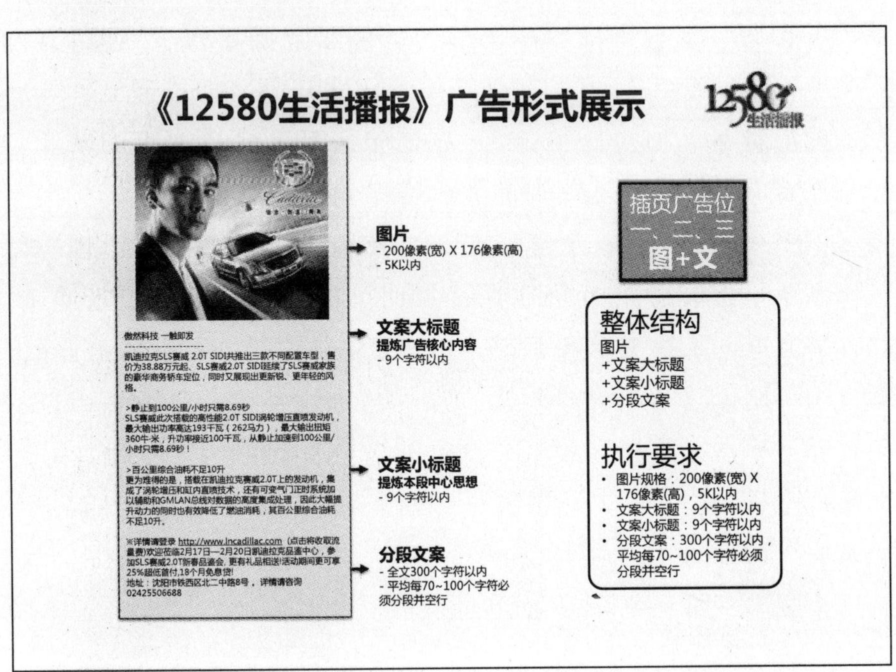
《12580生活播报》广告形式展示
12580生活播报
傲然科技 一触即发
凯迪拉克SLS赛威 2.0T SIDI共推出三款不同配置车型，售价为38.88万元起、SLS赛威2.0T SIDI延续了SLS赛威家族的豪华商务轿车定位，同时又展现出更新锐、更年轻的风格。
>静止到100公里/小时只需8.69秒
SLS赛威此次搭载的高性能2.0T SIDI涡轮增压直喷发动机，最大输出功率高达193千瓦（262马力），最大输出扭矩360牛·米，升功率接近100千瓦，从静止加速到100公里/小时只需8.69秒！
>百公里综合油耗不足10升
更为难得的是，搭载在凯迪拉克赛威2.0T上的发动机，集成了涡轮增压和缸内直喷技术，还有可变气门正时系统加以辅助和GMLAN总线对数据的高度集成处理，因此大幅提升动力的同时也有效降低了燃油消耗，其百公里综合油耗不足10升。
※详情请登录 http://www.lncadillac.com（点击将收取流量费)欢迎莅临2月17日—2月20日凯迪拉克品鉴中心，参加SLS赛威2.0T新春品鉴会, 更有礼品相送!活动期间更可享25%超低首付,18个月免息贷!
地址：沈阳市铁西区北二中路8号，详情请咨询02425506688
图片
- 200像素(宽) X 176像素(高)
- 5K以内
文案大标题
提炼广告核心内容
- 9个字符以内
文案小标题
提炼本段中心思想
- 9个字符以内
分段文案
- 全文300个字符以内
- 平均每70~100个字符必须分段并空行
插页广告位
一、二、三
图+文
整体结构
图片
+文案大标题
+文案小标题
+分段文案
执行要求
• 图片规格：200像素(宽) X 176像素(高)，5K以内
• 文案大标题：9个字符以内
• 文案小标题：9个字符以内
• 分段文案：300个字符以内，平均每70~100个字符必须分段并空行

《12580生活播报》广告形式展示

沃尔沃S60驾趣挑战创意

2011年2月16日，沃尔沃（Volvo）汽车正式在国内推出“全新沃尔沃S60驾趣挑战场”主题网站（http://volvocars.com.cn/s60hub）。

>4大主题非一般考验

“全新沃尔沃S60驾趣挑战场”互动网站共分4大主题：分别是“‘绕’有趣味，狭‘鹿’相逢，机‘智’过人，‘刹’那在握”，每个主题都将对全新S60的卓越性能提出非同一般的考验，完美呈现了全新沃尔沃S60的创新科技。同时，每个主题又按照从易到难的顺序分为4个级别，4个主题，层层递进，扣人心弦。

>挑战极致动力操控性能

网站号召广大网友参与热议，贡献更加炫酷的驾趣创意，挑战全新S60极致动力操控性能。

※创意评选及奖项设置

评奖要求：提交驾趣战场创意，或参与驾趣挑战场创意投票的网友，将有机会获得终极大奖（4名），即现场见证来自瑞典的沃尔沃驾驶学院专业试车手现场演绎终极的宏伟创意。更有每月抽出20位幸运参与者，获得沃尔沃汽车精美车模。驾趣战场等你来挑战！

※获奖的参与者将有机会受邀参加全新S60上市发布会，率先试驾全新S60，并师从顶级教官，练就超凡车技，更有机会现场见证试车手演绎你的宏伟创意。即刻点击http://volvocars.com.cn/s60hub/(点击收取流量费)

※编辑“QXTY+手机号码”至1065888090获得《沃尔沃S60驾趣挑战场》专刊。

文案大标题
提炼广告核心内容
- 9个字符以内

文案小标题
提炼本段中心思想
- 9个字符以内

分段文案
- 全文300个字符以内
- 平均每70~100个字符必须分段并空行

插页广告位
四、五、六
纯文字

整体结构
文案大标题
+文案小标题
+分段文案

执行要求
- 文案大标题：9个字符以内
- 文案小标题：9个字符以内
- 分段文案：300个字符以内，平均每70~100个字符必须分段并空行

第二章　手机媒体是规模最大、破碎化程度最高、传播信息最热的冷媒介

一、新媒体的划分方式：冷媒介与热媒介

不同的媒介有着不同的传播性质。关于媒介的划分，加拿大著名传播学者麦克卢汉在《理解媒介：论人的延伸》一书中首先提出了冷媒介与热媒介的概念。麦克卢汉认为，划分媒介可以通过冷媒介与热媒介来划分，而区分热媒介和冷媒介的主要标准是，对于媒介信息完整性的估量。热媒介的信息是从反映一件事而引申出的“完整含义”，“清晰度高”；冷媒介则仅传播“点滴含义”，“清晰度低”，即只是提供较为有限的信息量。他举例说：收音机是热媒介，而电话是冷媒介；电影是热媒介，电视是冷媒介。热媒介使一种感觉延伸，它具有“高清晰度”，是信息充分的状态。而冷媒介需要受众参与“信息补充”，使“点滴含义”趋向“完整含义”。他提到：“热媒介要求的参与程度低；冷媒介要求的参与程度高，要求接受者完成的信息多。”在麦克卢汉看来，凡是高清晰度的媒介所提供的信息量大，要求受传者参与的程度低；相反，凡是低清晰度的媒介所提供的信息量小，要求受传者参与的程度高。麦克卢汉的媒介思想是以技术发展为核心的，他关于热媒介和冷媒介的划分，在当时看起来较抽象，较难理解，只是作为媒介认识的一个组成部分一直被提到，但是麦克卢汉的见识超越了他的时代。在网络技术快速普及的今天，网络的媒介属性不断被强化，麦克卢汉的冷、热媒介之说并不是哗众取宠的理论，而是有着非常实际的理解网络新媒体的现实意义。

在中国，学术界把媒介分为两大类，一类是大众媒体，另一类是广告媒体。如果是大众媒体，则一定是广告媒体，比如报纸、电视；而如果是广告媒体，比如户外广告，则不一定是大众媒体，比如分众。这里指的大众媒体是指具有独立新闻采编权的媒介。大众媒体分为五大类，第一媒体是平面媒体，第二媒体是广播，第三媒体是电视，第四媒体是互联网，第五媒体是以手机为主要核心应用的移动互联网。

由麦克卢汉的冷、热媒介划分我们可以看到，这其中平面媒体、广播、电视是“热媒介”，我们无论是从报纸、电视还是广播，均可以得到完整的充分信息，这些完整的信息可以说是“冷”的，因为它是完整的，具有“高清晰度”，不需要再多补充了，而第四媒体互联网和第五媒体的移动互联网，可以说是冷媒介，人们需要互动才能得到更多的信息，上百度搜索，关键词只是“点滴含义”，通过互动式的搜索，可以得到大量的完整信息，这样的信息就是“热”的，所以信息的“互动”性是衡量媒介“冷”与“热”的标准。

但必须要强调的是，麦克卢汉提出冷、热媒介划分之说被媒介自身发展的历史所局限了。随着网络技术的飞速发展，我们可以看到媒介的冷热之分并不是绝对的，因为现在几乎所有的媒介形式都可以通过某种方式进行互动。也就是说，当今的所有媒介都具有“冷”和“热”的性质，媒介的冷热性质的侧重，主要取决于“互动”性的应用有多深和有多广。毫无疑问，网络的媒介属性是“偏冷”的。热媒介偏向于有排斥性、对立性；冷媒介则侧重于有包容性、互动性。

二、热媒介传递冷信息，冷媒介传递热信息

如果媒介有冷热之分，那么信息同样具有冷热之分，这是对麦克卢汉冷、热媒介理论的发扬和延伸。

媒介的互动性越高，信息的“热”度越高，网络媒体所传递的信息是高热度的，因为互动性是网络传播的重要特征，传统媒体的互动性弱，所以传统媒体传递的信息较“冷”，对受众而言，由于热媒介

的信息量较为充分，受众无需对信息加以补充和解释，信息处于“冷却静止”的状态；而冷媒介则不然，它需要由受众对其仅具“点滴含义”的信息进行“填补”，这样冷媒介的信息由于这种不断的“填补”，变得“热”络起来，非常活跃。基于此，冷媒介与热媒介作用于受众的强弱程度亦有所不同。所以媒介与受众的互动性，是给信息“加热”的过程。我们经常看到网络媒体上的“热信息”会“流向”传统媒体成为“冷信息”，当前传统媒体的内容更多是采集自网络媒体就是例证。信息的“冷”与“热”也可以理解为信息存在的状态，同时也可以反映出信息传播过程的强度。

美国学者迈克尔·戈德海伯认为，以网络为基础的“新经济”从本质上讲就是“注意力经济”，在这种经济形态中，最重要的资源既不是传统意义上的货币资本，也不是信息本身，而是注意力，甚至有学者认为“有价值的不再是信息，而是注意力”。实际上，所谓的“注意力”就是指“热信息”，网络上不断出现的吸引人们注意力的“热点事件”，就是“热信息”被不断地传播，从而吸引大量的流量引起注意，产生消费的影响，本质上“注意力经济”就是“热信息”的商业应用。

现代网络技术的发展，传播的过程就是信息不断互动的过程，是信息的“冷”“热”交替向前推动的过程，由于互动性使信息的“热度”增加，传播的衰减是信息“冷却”的过程，是互动减少的过程。传统媒体如果利用网络新媒体开发自身的互动性，热媒介会向冷媒介转化，冷信息会向热信息转移，电视媒体原来是热媒介，但随着电视与手机媒体互动的加强，电视媒体开始趋“冷”，现在的电视更具有互动性，由于手机媒体的存在，使受众能够参与的机会更多，现在许多现场接听观众电话的电视游戏类节目就是如此。

虽然信息在网络上可以是高热度的，但网络本身却是一种冷酷无情的媒介，网络传播是一种冷酷的、无情的传播，它只负责传播，不负责道德评判，它只负责让最广大的受众参与、接受和传播信息。

三、媒介就是信息：理解第五媒体的关键

1. 什么是媒介

媒介就是信息。这是传播学研究领域最有影响的媒介研究学者、加拿大多伦多大学教授麦克卢汉对媒介的决断性定义。媒介的概念在历史上经历了很大的变化才发展到今天的意义。人们通常定义媒介是将信息从一端传送至另一端的载体。1964 年，麦克卢汉出版了《理解媒介》一书。这本书的核心命题是：每一个媒介的内容是另一媒介。在这里，较老的媒介总是较新媒介的内容。麦克卢汉的命题实际上暗含一个从“自然”到越来越复杂的技术媒介的等级和一个历史次序，所以麦克卢汉的“媒介就是信息”的定义具有很高的“技术”含量。人们在传播活动中，由于使用各种感官的方式与比重的变化，从而改变自己的性格，同时也就改变了环境，因此传播媒介本身就是信息。我们所谈的媒介也是一个抽象的客观存在。媒介作为一种被普遍接受的科学语言使用是在 20 世纪 60 年代末，那时，电视已经成为一种社会传播中占主导地位的媒介。麦克卢汉的断言超越了他的历史。

2. 什么是媒体

一般来说，“媒介”或“媒体”在概念上并无本质差别，但是在使用中，我们说媒介的时候，一般侧重于信息的中介层面，比较抽象、泛化；而在指称媒体时，一般侧重于信息传递的内容和形式，比较具体，所以媒体是信息的载体及其表现形式。信息的存储和传递是出于传播的目的，同时信息的存储和传递一定是以某种形式出现的，传播的认知不仅有对内容的认知，更重要的还要有对形式的认知，当媒介以某种媒体的形式存在时，作为传播的媒体不仅改变了时空结构，而且还创造了一个新的传播空间。第五媒体时代就是时空破碎的时代，人就是媒体，每个人都是世界的中心，每个人都是时空的焦点。

当前，新媒体出现不仅是市场推动的结果，更重要的是技术进步的结果。所以新媒体并不是指全新的媒体形式，它还指传统媒体利用

新技术重新武装自己而成为新媒体，指传统媒体的技术升级，而不是转型。如果认识到这点，就不是新媒体取代传统媒体的问题，而是传统媒体运用新技术的问题。那种认为新媒体将取代传统媒体的观点，完全是传统媒体的经营者不思进取的借口。所谓新媒体取代传统媒体，实质上是指新人取代旧人，因为如果思维懒惰，不与时俱进，拒绝新技术，那么新媒体“取代”传统媒体也就不足为奇了。

3. 什么是信息

从前面的讨论可以看出，媒介就是信息，媒体是信息的载体及其表现形式。这其中有一个关键词：信息。那么什么是信息呢？关于信息的定义，自从信息论诞生以来就没有明确过。控制论的创始人维纳曾作出有名的论断：“信息既不是物质，也不是能量，信息就是信息。”他还提到：“信息是控制的指令”“信息是有序性的度量”。

在 20 多年前，管理学大师彼得·德鲁克曾预言，Information Technology（IT）将从 Technology 向 Information 过渡，事实也证明了他的预言。确实，我们通常认为信息就是信息，没必要再探究其含义了。其实，信息这个词的出现本身就与技术有关。不同的学科，从不同的角度对信息这个概念都会有不同的解释。在经济学家眼中，信息是与物质、能量相并列的客观世界的三大要素之一，是为管理和决策提供依据的有效数据。对心理学家而言，信息是存在于意识之外的东西，它存在于自然界、印刷品、硬盘以及空气之中。“信息是物质和能量在时间和空间中分布的不均匀性。”“信息是负熵。”“信息是系统的复杂性。”我们知道数据是关于实践的一些离散的、互不关联的客观事实的图片或数字，没有特定的环境，其本身缺乏关联性和目的性。孤立的数据是没有意义的，但数据是产生信息的基本原始材料。彼得·德鲁克认为：“信息是具有关联性和目的性的数据。”在今天的泛 IT 化时代，我们选择哪个信息定义才能真正体现出无线应用领域的行业特征呢？

要讨论信息的本质，首先得看它存在的条件。中国的市场环境有一个明显的特征，可以用两个字来表述，那就是——复杂。而复杂性也有一个明显的特征，就是不确定性。信息论的创始人申农认为不确定性是在两种可能性之间的，就是绝对确定性和绝对不确定性，所以不确定性就是可能性，信息就是可能性的概率。或者也可以这样理解，信息的不对称导致传播的外部环境是复杂的并相互关联的，市场经济下的信息存在于一个复杂的信息系统当中，这一复杂系统中的信息传递过程是充满了不确定性的，这种不确定性表明传播的结构具有随机性的特点。所以我选择申农的信息定义，申农认为，信息是第二个不确定性与第一个不确定性之间的差，是使不确定性程度减少的量，信息是用以消除随机不确定性的东西。

讨论信息，当然要讨论信息存在的形式了，当我们认可“媒介就是信息”“媒体是信息的载体及其表现形式”时，我们也可以这样理解：信息化社会就是媒介化社会，信息爆炸的结果导致媒介的“破碎化”，媒介的“破碎化”使得存在就是媒介，媒介就是信息爆炸的碎片。

研究信息的定义，是对媒介的本质如何认识的问题。这个问题的解决，对于理解利用第五媒体展开的无线广告活动，具有决定性的意义。

四、手机媒体是规模最大、破碎化程度最高、传递信息最热的冷媒介

手机是新媒体中表现最突出的。理解新媒体比定义新媒体重要。新媒体的出现主要是由两个要素造成的。第一个是形式。形式也要从两个方面来看，一个是终端形式，一个是表现形式，你看楼宇液晶电视为代表的新媒体，就是以广告媒体为主要形式；第二个是新技术。在新媒体当中，手机媒体最突出的表现体现在它既有技术又有形式，终端的量远远超过传统媒体，规模最大，未来几年中国会有超过13亿人拥有手机。手机的随时随地性打破了时间和空间的限制，是破碎化程度最高的媒体，第五媒体既是“大众”传播，也是“个众”传播；

既是“被动”传播，也是“主动”传播。由于“互动”性是第五媒体最杰出的特点，其媒介属性是“最冷”的，而其传播的信息则是“最热”的。

1. 手机屏幕小刚好是第五媒体最大的特点

许多朋友想当然地认为手机屏幕小是第五媒体的限制，这个问题非常具有代表性，这是因为很多传统人士对手机新媒体有一种思维上的惯性认知。我认为手机屏幕小，刚好是第五媒体最大的特点。通常，我们习惯性地认为，手机屏幕小视频感觉不好。实际上这是用传统的媒体思维来认识新媒体。现在毕竟有过亿的人在看小媒体的屏幕。手机屏幕小，刚好是这种媒体最大的特点，因为它离我们的眼睛只有 10 厘米，试想，你能够在 10 厘米的距离看大电视吗？正因为屏幕小，所以它的信息才能够即时传递，才能够随时随地。这个问题要反过来看。当你习惯之后，就觉得很正常。所以，我认为在第五媒体发展的初期，形式本身就是内容。

2. 第五媒体是主流媒体：从“手机报”到“CCTV 手机新媒体”

第五媒体不仅是大众媒体，也是主流媒体。2004 年 7 月 1 日，《中国妇女报》推出全国第一家手机报《中国妇女报》（彩信版），实现手机用户与报纸的互动。此后的一年中，河北、浙江、江西、广东等地的报业集团纷纷试水手机报纸。手机报纸相对于传统报纸有着传播速度快、随时随地接收、传播功能全面（文字、图像、声音、动画等）、互动性强等多方面独具的优势。2007 年 12 月 12 日下午，人民网在人民大会堂浙江厅举行新闻发布会，宣布《人民日报》（联通手机报）正式开通。2007 年 10 月 8 日，江西省委宣传部推出了“江西手机台”，集手机报、手机广播、手机电视等多种信息传播方式于一体的江西手机台开启了手机作为权威媒体的大众应用。2007 年 10 月 15 日上午，CCTV 手机电视全程视频直播“十七大”开幕式，画面流畅、信号稳定。央视国际基于其强大的手机新媒体平台，创新推出了“十七大”手机系列报道，CCTV 手机新媒体在手机平台上打造了一个包括电视、杂志、网站等各项应用服务的手机全媒体平台，以视频、实时、随身为主打特色，集视听直播、轮播、点播、互动参与等各家长处于一身，同时涵盖图文资讯、会场内外花絮以及海内外热评等综合性报道，观众只需在手机上登录 wap. cctv. com 网站即可轻松、快捷、全面地了解“十七大”会议的盛况。

央视国际评论：“CCTV 手机新媒体作为官方主流媒体的代表，以五大创新手机新媒体方式独家手机视频报道，率先占领第五媒体这一移动新平台，这是我国时事报道的一项重大突破，一次全新的尝试。”

五、第五媒体使传统媒体的优势更强、弱势更弱

第四媒体互联网的崛起曾一度引起传统媒体的“恐慌”，最著名的论断当数美国 SUN 微电子公司的杰可布·尼尔森在《传统媒体的终结》一书中说的：“在未来的 5 ~10 年间，大多数现行的媒体样式将寿终正寝。它们将被以综合为特征的网络媒体所取代。”2005 年，比尔·盖茨在一次广告会议上说，在线和离线广告之争没有意义，因为所有的媒体渠道都将转移到互联网上。在未来数年内，所有的媒体都将通过宽带连接传播，在高清晰显示屏上观看。博客网站广告（BLOGADS）的创始人亨利·科普兰德宣称，传统媒体的衰落将比人们预期的来得更快，他说：“现在对传统媒体来说已太晚了，我们将会看到传统广告模式比预期衰落得更快。”“计划一套单纯的广告说辞，表达就要花掉一个大广告代理公司 6 个月的时间，而且这种情况下不会有顾客的交流机会。”“这与广告代理公司的能力或智力无关，而与其工作方法有关。他们采用一种线性的汇报层级结构，这种结构使他们的工作活动能够被度量，但这却是一种适应旧的大规模生产的模式。”尼古拉斯·尼葛洛庞帝在《数字化生存》一书中指出，当传统媒体广播、电视、报纸在大力宣传互联网时，它们不知道，它们在培养自己的掘墓人。这种耸人听闻的预言让传媒界倍感寒意，事实真的是这样吗？

近两年，互联网广告的发布量也似乎印证了这一预言，互联网广

告近两年的增长达到 200%，以第四媒体为代表的新媒介确实分流了传统媒体的广告发布量。传统媒体面临着困惑，面对新媒体的出现而忧心忡忡，我们对此可以理解，这是因为传统媒体对新媒体的本质特点还没完全看清楚，各种媒介均有自己的特点，一种媒介要轻易地完全取代另一种媒介是不可能的，事实也正是如此。

如果以第四媒体互联网为代表的新媒体使传统媒体产生“恐慌”的话，那么第五媒体（无线互联网）的出现则是传统媒体重新崛起的机遇和手段。因为第五媒体会使传统媒体的优势更强，会使传统媒体的潜能得到充分的发挥。

正当第四媒体开始高唱凯歌时，第五媒体悄悄地异军突起，手机报纸、手机杂志、手机广播、手机电视、手机互联网均不同程度地显现出来，第五媒体几乎囊括了所有媒体的特征，再加上手机自身独一无二的特点，使得第五媒体手机成为了一个真正的超级媒体，万能终端！然而第五媒体手机的出现并没有以一种咄咄逼人的面目出现，而是通过其自身杰出的互动性把传统媒体给整合在一起了。几乎所有的传统和新型的媒介都可以利用第五媒体的互动性创造出新的传播价值，第五媒体是媒体整合的超级引擎。更引人注目的是，第五媒体的互动性，激发出了所有传统媒体的互动性，使传统媒体原有的优势更强。而不是削弱了它，更不要说取代它了。传统媒体如果运用上了新技术、新形式，传统媒体也是新媒体。新媒体与传统媒体是融合，而不是取代。

对于广告主来说，第五媒体的互动性可以使他们了解到自己的广告费到底浪费在哪里了，比如他可以在其所有发布广告的传统媒体上利用第五媒体与受众互动，从互动的效果即可定量地分析出到底在哪个媒体发布广告更有效果。正是基于此，我们可以预见，传统媒体与第五媒体的互动应用将由两股力量得到推动，一股力量是由企业的营销需求推动而得到全面发展的；另一股力量是传统媒体自身的觉醒，在受到新媒体冲击的压力下，传统媒体不会坐以待毙，正确地认识第五媒体的特点，可以使传统媒体重新找到自信。从传统媒体的经营和管理方式来看，第五媒体的出现会带来新的变革。如利用第五媒体的互动性，可以对媒体上的每一篇文章的内容与读者互动，可以定量地了解到读者对内容的需求变化和满意度，并且这种互动是即时的，即马上可以得到读者的反馈，可以监控出媒体的经营质量。传统媒体对第五媒体的理解有多深，就会使传统媒体优势的发挥有多强。

在第五媒体时代的传统媒体，必须要以全新的眼光来看待新媒体技术的发展和应用前景，要深入地了解新媒体的本质特性，要多学习。恐惧是由于无知造成的。技术的发展，使媒介的时空发生前所未有的变化，在新的时空观指导下，做到知己知彼，传统媒体将会更加自信。

当前传统媒体的广告投放正在经历一个结构性的盘整期，当人们对新媒介充分认知，并看清新技术的发展脉络后，会重新找回传统媒体的自信，同时传统媒体也会在新媒体的推动下焕发出更加耀人的光彩。

六、互联网与无线互联网的本质区别

有一年在北京大学演讲时，有听众问互联网与无线互联网有何区别，当时笔者不加思索地回答是：个性化。经过一年多的思考与观察，发现还有另外一个更重要的，就是即时性。许多朋友顺其自然地认为无线互联网就是互联网在手机上的延伸，是互联网的一个子集，这个观点不完全正确。经过近几年来的发展，有些无线领域的企业就是完全以互联网的思维在经营无线互联网，造成重大的战略失误。无线互联网的营销在表现上更具有营销 2.0 的特色，甚至更纯粹一些。基本上互联网与无线互联网有许多相似之处，这里着重谈的是它们之间在商业应用本质上的不同点。在理解它们之间的不同之后，可以在运营过程中取长补短，发挥各自的特点，无论是网络营销也好，电子商务也好，未来的方向一定是互联网加上无线互联网。

1. 无线互联网不是互联网简单的延伸

无线互联网（第五媒体）与互联网（第四媒体）都具有相同的互

联网精神：免费、自由、共享、互动，10 年多来互联网网民发展到超过 4 亿，几年来无线互联网网民发展到超过 3 亿，并且随着手机终端的迅速普及，无线上网的人数呈几何级数地增长。可以预见，正像几年前短信有力地推动了互联网的发展一样，无线互联网的快速发展也会正面和积极地促进互联网的进步，共同推动全网社会的发展。但是需要指出的是，无线互联网并不是互联网简单的延伸，它们之间虽然形似但神不似，无线互联网用户终端比起互联网用户终端具有更广阔的发展空间。

无线互联网并不是互联网在手机上的简单延伸。那种在“无线互联网是互联网在手机上的简单延伸”思维下开发出的无线广告应用产品注定失败。所以，深刻地理解第五媒体的无线互联网与第四媒体的互联网之间的本质区别非常重要，将对无线互联网的经营战略产生重大影响，赢利模式和运营思路将更清晰。

2．即时性与个性化是根本的不同

不同的媒介接触方式产生不同的媒介价值，不同的媒介阅读习惯产生不同的媒介价值。从广告传播的应用上看，第四媒体互联网同样具有分众、互动、定向的功能，这与第五媒体的主要特点是相通的，但是，第五媒体有两个显著的特点明显地区别于第四媒体。这两个特点就是即时性与个性化。

第四媒体互联网的核心优势：海量信息，即内容的广泛与庞杂，而作为大众化个众媒体的第五媒体，无线互联网的核心优势是即时性与个性化。所以，如果互联网具有广度的话，那么无线互联网则具有深度。

无线互联网鲜明的即时性特征，成为它完全不同于互联网的一个本质特点。即时性具有 4A 的特点（Anywhere，Anytime，Anything，Anyone）。即时性使得时空“破碎化”了，使得时空的动态特征更加明显，使得人的自身得到空前的解放，人们不因为山高水远而感到无助。即时性使信息的瞬间传递属性发挥得淋漓尽致，使得信息间的“缝隙”趋向无穷小。即时性既是随时性也是定时性，即时性无处不在，这是第五媒体带来的大变革。

随着手机实名制的推行，无线互联网的个众特征越来越明显，第五媒体是“大众化个众媒体”的理念，强调的是能直接精准地面向目标群体，而这些精准的目标群体具有鲜明的个性化特点，一对一传达的信息也具有明显的个性化特征。但同时这些个体又具有群体的特征、分众的特点，这是与互联网完全不同的。所以，互联网是电脑，无线互联网是人；互联网经营的是内容，无线互联网经营的是人。如果我们谈无线互联网的创新，就首先要认清无线互联网和互联网到底有什么样本质的区别，无线互联网和互联网形似而神不似，为什么？因为在互联网上，它的经营和无线互联网的经营是不一样的，互联网经营的本质无论是什么样的形式，电子杂志、Web 2.0 等等，本质上是内容。而无线互联网经营的本质是人，在无线互联网的行业应用上，那种认为无线互联网就是互联网在手机上延伸思维下开发出来的创新产品，注定失败！

所以，互联网上的定向广告，它能通过分析网页内容、辨别网民所在地，按广告主的要求而设置，将广告有针对性地投放到多家网站目标客户面前。而无线互联网上的广告则是定向的精细化，我们可用“精准”来描述，所以如果互联网是定向营销的话，无线互联网就是精准营销，互联网是定向广告的话，无线互联网就是精准广告。

任何媒体的受众对象都是个性化的，但媒体本身个性化特点最强的显然是手机，手机已快发展成为人们身体上的一个器官了。手机终端本身体现出来的个性化，订制方式的个性化，内容形式的个性化，均可通过第五媒体的各项增值服务体现出来。个性化时代就是人性化时代，对个体的尊重体现出了社会的宽容和文明的进步，第五媒体的个性化可淋漓尽致地表现出来，让人们一下就能通过对第五媒体的个性化感知充分领略人的个性化情绪。传播大师麦克卢汉认为“媒介是人的延伸”，没错，我们可以走得更远一点，第五媒体时代，人就是媒体！

七、深沉的理性，冷酷的客观

进入 21 世纪，信息化对经济社会发展的影响更加深刻。广泛应用、高度渗透的信息技术正孕育着新的重大突破。信息资源日益成为重要的生产要素、无形资产和社会财富。信息网络更加普及并日趋融合。信息化与经济全球化相互交织，推动着全球产业分工深化和经济结构调整，重塑着全球经济竞争格局。在中国移动从“通信”专家转变成为“信息”专家的过程中，手机已不单纯是通话的工具，而是一个海量的信息终端，其媒体化特征也日趋明显，手机的媒体功能，正从个人应用向行业应用迈进。

2006 年 5 月，中共中央办公厅、国务院办公厅印发《2006—2020 年国家信息化发展战略》（以下简称《战略》）。《战略》指出，当前我国信息化发展有一些亟待解决的问题，主要表现在：第一，思想认识需要进一步提高。我国是在工业化不断加快、体制改革不断深化的条件下推进信息化的，信息化理论和实践还不够成熟，全社会对推进信息化的重要性、紧迫性的认识需要进一步提高。第二，信息技术自主创新能力不足，核心技术和关键装备主要依赖进口，以企业为主体的创新体系亟待完善，自主装备能力亟须增强。第三，信息技术应用水平不高，在整体上，应用水平落后于实际需求。

当前，中国移动信息化行业应用的核心思维方法之一就是手机的“媒介化思维”。以手机媒体为核心应用的无线广告操作并不难，关键是认识，是以什么样的思维来看待手机。由于第五媒体、无线广告和无线营销涉及的行业较多，所以思维上的共识非常重要，但思维的“范式”转移却是最难的。因为不同行业的人的背景和思维形式已经决定了一个人将观察到什么样的对象。要想让人们能够统一“范式”，就得先指出要用什么样的思维。所以手机的“媒介化思维”是理解第五媒体、无线广告和无线营销的基本思路，而麦克卢汉的“媒介就是信息”则把信息技术与媒介结合了起来，这个定义也是人们达成共识和行业间相互理解的一个基础。

虽然第五媒体时代的到来是技术进步带来的，但“第五媒体”三部曲（《第五媒体》《无线广告》《无线营销》）并没有把技术作为重点，关于技术有更专业的专家在介绍，我只着重于行业应用。所以在“媒介化思维”的“范式”下，基础概念集就显得非常重要了。托马斯·库恩在《科学革命的结构》一书中指出，一个范式就是一个规范的概念框架，具体来说，它主要由四个部分组成：符号的概括化、形而上学的约定、价值和范例。一个范式，不仅包括概念范畴、理论假设和解释，而且还有与此领域有关的前提，这些前提包括：哪些基本原则被设定是合适的，它们应当如何与特定的研究领域相匹配，试图建立这些基本原则的严格步骤以及判断这些原则是否合理的标准。实际上第五媒体、无线广告和无线营销的定义是不同行业间的一个深层次的“约定”，它的形而上学的前提是“手机是媒体”，即“媒介化思维”，而这构成了无线增值服务行业应用理论的基本出发点。

在创作的过程中，我不断地提醒自己要用一种完全不带感情色彩的思路来构筑它们的框架，这需要“冷酷的客观”。在无数的现象面前，我们需要冷静地沉思并对其进行过滤。思想与思想所涉及的实在之间的关系，事实上远比纯粹的对应关系复杂得多。沉思是重要的手段。一位科学家曾说过：“沉思特别重要，因为把人自身和世界分割成破碎的幻象，出自于超越了其适当的度并把自身的产物与独立的实在混淆起来的思想中。为了结束这种幻象，不仅需要洞察整个世界，而且需要洞察思想工具是怎样运作的。这种洞察包含着一种独创性和创造性的感知行动，它通过感官与心灵而贯穿于精神生活和物质生活的一切方面，这也许就是沉思的真实含义。”

“媒介化思维”是深层次的形而上学的“约定”，它是如何表达的呢？我们知道大量的思维是以种种理论表述的。理论就是一种洞察形式，即看待世界的方法，而不是关于世界本身的知识形式。人们应该意识到其思想的活动性：它是一种洞察形式、一种观察方法，而不是“自身的真实摹本”，这些洞察形式既不真也不假，只是在一定的范围内清晰，而超出这些范围就不清晰了。第五媒体、无线营销及无线广告，就是这样一种洞察方式，是观察当前中国无线增值行业应用领域的视角。没有理论的事实是模糊的，在中国无线领域的行业应用即将全面爆发之际，理论的探索是必不可少的，理论与实践相结合将使我们少走弯路。

我试图通过第五媒体、无线广告和无线营销为中国的无线增值服务行业应用的理论探索投石问路、抛砖引玉。新理论一般是怎样出现的呢？当人们试图用旧理论去考察新领域时，旧理论会变得越来越不清晰。一般来说，仔细注意这种情况是怎样发生的，会是导向新理论的主要线索，这些线索进一步构成新的洞察形式。当传统的广告效果判定标准，如到达率、接触频次、毛评点等已越来越不能适应新的媒介环境时，当媒介的传播环境越来越“破碎”时，当技术进步迅猛地推动传播方式的改变时，那些主要线索就逐渐显露出来了。环境潜移默化的改变，逼迫着我们必须要以全新的视角来审视，在继承旧有的思维模式基础上，有所创新，有所突破，只有这样才能适应环境的变化。

因此，与认为“旧理论终究在一定程度上是虚假的”观念相反，我们只能说，人类在不断地发展新的洞察形式。这些新形式在某一特定时间内是清晰的，随后就趋向于变得不清晰。在这种活动中，很明显我们没有理由认为：已经有或将有一种终极的洞察形式，或者，已经有或将有一种稳定的与这种终极的洞察形式相似的系统。相反，人们可以期望，新洞察形式的发展将是无穷无尽的。以第五媒体为代表的新媒体的强势崛起，使得传统媒体的阵营出现了全面的变革，带来了多种媒体融合的方式和形式，这使得人们在相当长一段时间内无法看清周围环境的变化趋势，对不确定的焦虑感从没像现在这样强烈，新的方法和新的理论有了广阔的发展土壤。

当我们通过理论洞察来观察世界时，所获得的实际知识明显地将由我们的理论来形成和构成。于是，更一般的情况是，当知觉和活动已知时，我们的理论洞察便是组织我们实际知识的主要源泉。事实是

“已经被创造出来的东西”。因此，就某种意义而言，我们“创造”事实。也就是说，始于对于一种实际情况的直接感知，然后我们通过借助种种理论概念赋予这种感知以更进一步的秩序、形式和结构来发展这个事实。实际上，我们所有的经验都是以这种方式形成的。就像康德指出的：“一切经验都是按照我们的思想范畴来组织的，即按照我们思考空间、时间、物质、实体、因果关系、偶然性、普遍性、特殊性等范畴的方法来组织。”可以说，这些范畴是洞察的一般形式或观察任何事物的方法。所以，从某种意义上说，它们是一种理论。但仍要强调的是，理论不一定是事实，但可以让我们能更好地理解事实或接近事实，理论就是观察方法。

显然，我们可以有大量的各种各样的洞察形式。人们可以把理论比作关于某种对象的特殊观点。实际上，对于无线增值业务的行业应用，或者说洞察行业应用的无线增值业务领域，主要是通过对手机的媒介化思维来展开的，因为在中国，营销的问题就是媒介的问题，所以媒介化思维就是营销的思维，媒介化思维的应用形式和方法就是无线广告，整个过程就是无线营销，这是一整套无线领域行业应用理论的基本思路和框架，这既是理论也是知识。

要使观念和思维保持清晰，显然需要我们意识到，我们的经验是怎样由洞察形成的。这种洞察是由隐含或显现在我们的一般思维方式中的理论提供的。所以虽然无线营销、无线广告和第五媒体是一种全新的领域，但是构筑这些理论与思想仍是在传统理论和知识的基础上展开的，是传承，也是扬弃。

同时要强调的是，如果我们没有意识到理论是永远变化着的洞察形式，它赋予一般经验以形式和模型，那么，我们的视野将受到限制。所以无线领域的理论也必将是不断进化的。以手机媒体为核心的第五媒体、无线广告以及无线营销，只是广阔的无线应用领域探索的开始，它的理论大厦将由几代人来建成。

案例

从360与腾讯的网络之争看网络传播的特点

我想与不想
与你无关
我哭与不哭
与你无关
我疼与不疼
与你无关
虽然一切
因你而起
却宁愿
只在自己的世界
冰火纠缠
一切与你无关的
绵长与无奈
甜蜜与悲苦
欢喜与思念
在一个人的城里
升腾着
两个人的硝烟

这是中国当代杰出女诗人余江的一首诗，题目叫《与你无关》，诗描述了两个人的情感纠葛与他人无关的心理。然而2010年轰动全国的360与腾讯中国两大IT企业之间的“战争”却关系到了几亿网民，这一演化成与“所有人”有关的竞争由于政府的介入而告一段落，却让人们领略了中国互联网市场竞争的残酷性，360与腾讯之间的是非成败与功过自有各路高人在评说，本文将通过360与腾讯之争从专业上探讨一下网络媒体和网络传播中的几个重要特点：

1.“弹窗”体现网络媒体的“个众”化特点和“热媒介”属性

在中国，“传播就是营销”“营销的问题就是网络媒体的问题”已是共识，利用网络媒体进行传播是当下企业竞争的重要手段。网络的复杂结构是无尺度的，大量的中心节点拥有最大程度的链接，而网络上以“人是万物的尺度”为中心的社区与圈子，使网络的复杂适应性系统构成本身是嵌套的，大尺度包含着小尺度，大网站套着小网站，网站之间互相链接，网络上的百客丛生，网站里的社区，社区里的群，群里的兴趣组，信息以即时的形式、帖子的形式、跟帖的形式、灌水的形式、专栏的形式等等各种“破碎”的形式在流动，而形式之间被相互包容，又相互开放，信息正是在这多元的网络形式中存在和传递，由于网络结构在形式上的无法分解与相互黏合，使信息一旦开始传播，将以各种网络形式传播。

在这场令人瞩目的“口水战”中，表面上360是主动的，腾讯是被动的，双方都充分利用了各自的网络媒体资源争夺话语权和影响力。令人印象深刻的是2010年10月27日晚间起，腾讯与360针尖对麦芒的“弹窗”宣传。QQ弹窗是腾讯向每一位用户主动推送的信息，QQ注册用户现已突破10亿，同时在线用户人数也突破了1亿。即使是一条简单的讯息，也能做到同时被1亿网民看到，影响力惊人。而“360安全卫士”也有近3亿用户，仅次于腾讯QQ。

网络上的“弹窗”效应与手机上的短信群发异曲同工，具有“纯粹性”“强制性”“规模化”和“一对一”的特点，“弹窗”本身这种网络传播形式是媒体从“大众”再到“分众”再演化到“个众”化的具体表现。“弹窗”是网络媒体的一种独特表现形式，网络媒体是以互动为灵魂的“冷媒介”，而“弹窗”则强调了网络媒体的“热媒介”属性，“冷媒介”倾向于双向、互动传播，而“热媒介”倾向于“单向”、“主动”传播，这次360与腾讯“弹窗”的使用让我们看到了网络媒体在“冷”和“热”的双重属性上都是威力巨大的。

2. 网络传播中的“蜂拥控制”

在网络传播中，往往会出现热点信息的“蜂拥”现象，这是网络信息传播系统的一个典型表现。“蜂拥”现象是指只需要群体中很少一部分自主体具有引导的信息，群体中的绝大多数自主体就可以达到期望的群体行为。科学家们把自然界的这种“蜂拥”群体模型运用到复杂网络中，这就是复杂网络的“蜂拥控制”，也就是信息传播涌现性的引导与控制。在网络传播中，网络群体的“蜂拥”过程是由于很少的个体具有引导信息，如网络中的意见领袖、名博、热帖、名人往往对于网络舆论的引导具有指向作用。360指控腾讯侵犯用户隐私引发的论战直接导致该网络事件的“蜂拥”现象。

从系统观点看，网络上的蜂拥行为具有适应性、稳健性、分散性和自组织性，蜂拥的一个重要特点是从简单的局部规则涌现出协调的全局行为，从复杂网络的观点看，蜂拥行为可以看作是动态的网络拓扑结构随时间变化所产生的协调一致的行为。网络上的蜂拥行为是一个由大量的自组织网友个体组成的信息传播系统，通常在无集中控制的情况下，通过网友之间的局部感知作用和相应的反应行为，使蜂拥整体呈现一定的网络宏观传播行为。

腾讯、金山、百度、傲游、可牛等 5 家互联网企业联合发布呼吁抵制 360 的声明，然而在同行“围攻”中处于弱势的 360，创下了高峰时每秒接近 300 回帖的奇迹，总评论数近 10 万。对于 360 这样的非门户网站，这么短的时间内出现如此高的发帖量，是对“蜂拥”的成功“控制”。

3. 关注就是力量：注意力的聚集

两家公司之间的口水仗，让数亿网民同时在线围观，这是公司之间通过网络媒体公关大战的网络传播的奇迹。

在网络传播过程中，信息的传播是通过自组织网友的“蜂拥”效果引起“注意”并开始漫延的，网络传播中对信息的“蜂拥”现象，首先是“注意力”引起的聚集。所谓注意力，就是指人们关注一个主题、一个事件、一种行为和多种信息的持久程度。注意是意识的本质，注意可以开关各种感觉知觉，是可控制的。注意力有两个特征，指向性和集中性。指向性是使人的心理活动有选择地反映一定的事物；集中性则使被选定的事物在人脑中获得最清晰、最完全的反映。网络传播中的注意力集中代表着信息的“热度”，注意的集中性和稳定性是注意力最重要的品质。

360 主动挑起的与腾讯之间的争论，成功地抓住了网络上的“注意力”，产生大量的“聚集”效应，网络上的热点信息都是注意力的集中所产生的流量聚集，“充满”之后“溢出”漫延，从而造成网络流行，成为热信息。360 显然是有备而来的，在媒体与网民几经炒作之后，突然推出“扣扣保镖”，在网民对该事件正在“蜂拥”“聚集”“注意”之际，“扣扣保镖”立即成为万众瞩目的焦点。11 月 2 日 360 发布消息说：“72 小时内的 360 扣扣保镖软件下载量突破千万，平均每秒钟就有40个独立下载安装量，创了互联网新软件发布下载的纪录。”透过这个案例，人们可以深深地体会到网络“关注就是力量、围观改变命运”的魔力，这也可以说是新产品上市成功利用网络传播的经典案例。

4. 网络传播的“蝴蝶效应”可从每个细节开始发威

360与腾讯之争不论结果如何，都会产生“蝴蝶效应”。“蝴蝶效应”是网络传播中一个最显著的特点。“蝴蝶效应”指的是一个微小的变化都会引起巨大的结果，“北京的一只蝴蝶煽动一下翅膀，南美就发生了一场风暴。”“蝴蝶效应”的本质是说一切事物都是相互关联的，都处在一个巨大的相互关联的复杂系统中。360与腾讯之争，360是触发“蝴蝶效应”中“初始敏感条件”的主动触发者，而“风暴”真正的形成是从腾讯“一个艰难的选择”迫使网民“二选一”的政策开始的。“风暴”过后必有“瓦砾”，网络传播中的“蝴蝶效应”可以从任何一个“传播细节”开始，并可在不同的层次、特定的时空、从近到远的距离产生“整体涌现性”，摧毁漫不经心的庞然大物。360与腾讯的网络之争上演着活生生的网络传播大戏，谁是那只“蝴蝶”，谁是那堆“瓦砾”，时间会告诉我们答案。

案 例

网络水军是无组织的组织力量：自组织

2011年2月，中东北非政治局势发生突变，埃及和利比亚发生抗议活动和流血冲突，人们拿起手机拍下眼前发生的一切，而后将有关视频传到网上，Facebook、Twitter、Flickr、YouTube以及其他网站可以看到画面摇晃的和平抗议视频以及流血冲突的照片，社会化媒体、手机媒体等网络新媒体此时发挥了巨大作用。政治与科技博客联合创始人弥迦·希弗里在一篇博文中指出，中东地区手机信号的覆盖面远远超过互联网。他说：“在我看来，抗议活动愈演愈烈的最大因素是年轻人这一新兴力量，他们通过手机彼此联系。我们看到的一切是否意味着短信一代在政治活动中正在崛起？”无论手机还是互联网，网络一代正通过网络新媒体重新塑造社会，有组织的网民在中国还有另一个称呼，网络水军。

网络水军对网络营销有着巨大的、深刻的影响，不管我们愿意不愿意，水军的存在将继续对我们的商业、文化、经济、价值观产生重大影响，这种影响是无处不在、无孔不入、无法忽视的，网络上不断上演着“关注就是力量，围观改变命运”的网络人间传奇，各式各样的网络红人背后，都是网络水军在推波助澜，展示出惊人的传播力量。另外，网络水军在商业运用过程中呈现出来的负面效应令人惊恐，2010 年 11 月 7 日，中央电视台《焦点访谈》甚至将网络水军定义为“网络流氓、网络黑社会”。然而不管如何定义网络水军，网络水军的存在是客观的。网络水军本质上是网友，是网民，是网络媒体的主体核心，网络媒体的本质是自媒体，由于网络本身的独特性质，自媒体可以从“一对一传播”演化成“所有人对所有人的传播”。

网络上，人就是媒体，传播同一信息的人的聚集，是自相似的聚集，网络传播的复杂适应系统最本质的特性是自组织性；通过自组织，系统的整体属性由局部成分间的非线性相互作用产生，而系统又能通过反馈作用或增加新的限制条件来影响成分间相互作用关系的进一步发展。因此，自组织过程包括“旧约束”的破除和“新秩序”的建立。在复杂适应系统中，“破除”引发“重建”，有序出自无序。这种自组织性不是系统“自上而下”的“预定目标”，而是由于组成成分之间相互作用产生的“自下而上”的集体效应所不可避免的结果。

网友就是如此。“网友”是网络信息传播的自组织，网络传播中的自组织宏观系统决定了信息流的强度和热度，同时每个自组织的微观系统的变化也影响着整体的传播效果，由于网络的耗散性和互动性，使得自组织的个体和集体层次上都有更大的传播自主性。网络上的信息传播的“个体”在传播同一信息过程中，可以看作是这一信息传播的自相似载体，即自组织。所谓“自组织”是指该状态的形成主要是由系统内部组分间的相互作用产生，而不是由任何外界因素控制或主导所致。

网络上广大的“网民”正形成一股“无组织的组织力量”，制造热点，推动口碑，发动聚集，引起注意，造成围观，他们既是受众，也是媒体，他们既分享内容，也制造内容、传播内容，他们既是“自媒体”，也是“自组织”。网络上的所有传播事件均是由网络上的“自组织”推动的。网络的耗散结构特点，是自组织存在的基础。自然界中的组织不应也不能通过中央管理得以维持；秩序只有通过自组织才能维持。网络传播中的“秩序”也是由“自组织”维护的。自组织系统能够适应普遍的环境，网络时代，“自组织”们靠邮件、空间、微博、社区、群、搜索等等聚集人气的手段组织起来。他们既是“一般人”又不是“一般人”，他们既是“沉默的大多数”又是“网络英雄”，网络上这种无组织的组织力量，正在重构社会形态，也在形成新的商业价值。网络时代，谁能组织起来无组织的组织力量，谁就能拥有自组织的话语权，话语权本身就是自组织。网络传播权力的争夺也是自组织的组织能力的考察，自组织不是“庸众”，是“个众”，是充满智慧和本领高强的民间大众。无组织的组织力量，自组织正成为推动网络经济发展的推手，无论是电子商务还是网络营销，自组织通过网络的介质正在发挥着神奇的功效。

网络的去中心化和主观主义使得个体在网络传播过程中的自主性非常大，由此导致网络传播过程中信息内外交流的反馈环就越多。当年的华南虎事件，网友们是推动事件在网络上不断演化的自组织。网友们在华南虎事件中的角色充满了自主性，几乎每个关注华南虎事件的网友均可以在网络上发表评论，这些评论成为对主体事件华南虎照的反馈，这些无数的反馈和互动，成为华南虎事件在网络上滚动传播的“车轮”。从网络传播的宏观效果上看，个体在一定意义上是一种幻觉，网络上的个体性在根本上是一种互动传播的冒险。在网络传播中，由“网友”们构成的自组织是由相同组分的预定性质决定的。真正的自组织，是整个系统的一种属性。网络自组织是信息在网络传播的物质存在，是信息的根本属性，任何一个信息，只要放在网络上发布，在它的传播结构内部就携带着关于它的自组织、它的自我实现、它的所有蓝图以及传播形式和传播目的。

通过大量的、多形式的互动，有可能会在传播声量上达到传播的预期，反过来，在难以预言系统行为之前，别取太多反馈环。由海量的网友形成的自组织的互动，通过自媒体的形式大量地传播，可以就某一信息在网络上形成可预期的传播声量，大量的具有意见领袖作用的博客可能会就某一话题展开讨论，但是也正是由于自组织互动的广泛性，传播的规模和效果往往偏离预期，网络传播中弄巧成拙的事例非常多。但在互动过程中，“正面”和“负面”信息的“平衡”是可控的，对“冷信息”和“热信息”的处理也是可控的，保持互动的持续性是对信息“加热”和“冷却”的过程。

著名的“天仙妹妹”案例强调的是“以天涯为代表的社区型网站，正逐渐形成一种新型的以个人为中心的传播方式。即便你身处这个社会的最底层，你依然有机会获取足够的关注。”网络让每个人“都可能流行十五分钟”，而实施这种传播方式的背后正是网络推手。网络推手是网络传播的策动者、组织者和管理者，几乎凡是在网络上发布信息的都可以看作是网络推手。网络推手是注意力管理，是信息的加热器，是信息传播的“煽风点火”者，在网络上创造热点、产生聚集、吸引注意，构成信息的复杂传播系统。网络推手不仅创造传播的敏感初始条件，还不断地触发这些初始条件，调动自组织以多元化的形式参与互动，持续地引发蝴蝶效应，使被传播的信息始终处于涨落中的对称性破缺的分叉点，不断分叉不断漫延，以最低的成本创造最大的传播效益。

商业上对网络水军的运用，目的是形成有利于市场竞争的传播效果，手段是制造网络舆论。网络传播舆论的形成是网络传播整体涌现的结果。网络传播的整体涌现性就是网络的传播效果。网络传播的效果往往出人意料，一条信息在网络上传播可以引发完全背离信息发布者初衷的整体效应，网络作为信息传播的复杂适应性系统，网络信息引发的整体性行为并不是单个的自组织网友所左右的，而是通过众多网友的聚集、整合、组织而涌现出来的，网络传播的涌现性有着深刻的社会背景和当时的社会价值观，具有超越于个体判断的“普适的”价值判断，网络传播效果所呈现的是信息被传播后“人心所向”的解读和理解。

涌现是一个自组织的层次跃迁过程。一条网络信息通过博客发布，是单个自组织的行为，当被转帖、转载、跟帖之后，到群、部落、社区等网间的层层跃迁，经过持续的互动，不断地漫延，开始涌现出全新的特征。网络传播的复杂适应性系统自组织之间的作用是非线性的，网络传播的整体行为无法通过相对独立的各组成部分行为的简单叠加得到。网络传播的整体涌现性无法通过分别考查自组织的传播行为而得到，网络传播的涌现性是创造性的。对于网络水军的“自组织”，我们只能用德国文学巨匠歌德的话来描述：“静静地赞美那深不可测！”

第三章　第五媒体的定义

一、没有理论的事实是模糊的

在第四媒体——互联网发展的过程中，我们发现互联网花费了很长的时间才让广告主认可了其广告价值，定向广告、精确营销等走了很长的一段路才被市场接受。原因是多方面的，但其中一个重要的原因就是，第四媒体的互联网没有关于网络广告完整的理论体系，只有一个个孤立的片断和散落在各个门户的不统一的应用形式和表现手法，这使得网络广告的价值远远没有被开发出来，或是其潜力被低估了。到目前为止，网络广告虽然有了起色，但其内在的巨大威力仍没释放出来，网络界和企业界还要继续付出大量的时间成本。

管理学大师彼得·德鲁克认为，公司失败的原因是它们的商业理论过时了，公司过去经营时所做的假设已经不适合当下的情况了，过去的假设包括：市场、顾客、竞争对手、核心竞争力、使命、技术。现实中这些假设变化了，公司的商业理论就必须跟着变化。没有什么比信息技术变得更快了，决策者的首要任务就是及时改变商业理论，与时俱进。什么是理论呢？一提到理论，我们就会肃然起敬，因为理论是经验的升华，是方法的提炼，是全面的洞察，是事实的本质，是无情的抽象，是思考的框架。理论可以塑造我们的思维模式，可以固化我们的思维范式，提供我们看待世界的视角。理论是高深的吗？其实，高深的理论都是简单的，而理解理论的过程是复杂的。理论从经验中来，从事实中来，从实践中来，没有理论的事实是模糊的，没有事实的理论是空洞的。一个科学理论的关键是尽量减少观察数据的任意性。一个好的理论是以某种方式对观察现象的一种凝练，能简洁地描述我们从所观察的现象中获得的东西。我们应当尊重理论。

在营销广告领域中，没有高深的理论，只有深刻的理解。广告营销理论的功能是什么呢？我认为，在广告营销的实践中，理论只是在市场营销决策过程中，使决策者们自己说服自己的一个理由。在这一过程中，理论是对直觉的肯定，是经验的浓缩，是洞察的形式。

第五媒体时代，开启了一个全新的领域，这是一片未开垦的处女地。这一崭新的市场孕育着巨大的商机，这一背景下产生的理论，就是审视这一产业的视角。在许多情况下，理论是可有可无的，在全新产业开启之前的理论就是方向的指引、方法的提炼、标准的探索，这意味着在新市场开启之际，理论提供了加速器和着力点。理论是时间成本的控制者。没有理论的事实是模糊的，这是指人们对于自己正在做的事到底意味着什么不一定能马上认出，对存在事实的模糊认识，导致成本的上升、沟通的障碍，人们会迷茫、孤独、无助。理论不需要高深，实用的理论是紧贴着实践的，这时，理论可以重新找回正在丢失的自信。目光远大的人们并不会为一时的挫折而气馁，他们将重拾勇气，继续向前迈进。没有事实的理论是空洞的，空洞的理论是脱离实际的。理论来自于实践，扎根于实践，“实践出真知”并不是一句空话。理论是实践中的探索与思考。是谁在思考？只有那些时时处于成败边缘、于市场搏杀中的人们，才会思考那些生死攸关的问题，他们就是广大的中小企业家。

第五媒体时代的理论，最重要的在于基础概念：什么是第五媒体，什么是无线营销，什么是无线广告，等等。基础概念是理论的基石。对基础概念的锤炼，就是对理论框架的打造。理论已经存在于每个最前线的实践者的头脑中，理论告诉他们，与其有同样想法的人非常多，与其有同样感受的人非常多，大家相互间是有共识的。只要有了共识，市场就会越做越大，越来越规范。无线增值业务的行业应用领域，是一片“蓝色的海洋”，只有达成了共识，才能健康地“协同进化”。

二、第五媒体的定义

第五媒体的概念早就被学者们提了出来，但一直没有一个专门的定义，不同领域的学者从各自的角度来解读“第五媒体”的含义。我也不例外，只不过我是从广告和传播的角度来谈的，广告传播的角度就是营销的角度，营销的角度就是行业应用。我在《第五媒体》一书中，首次给“第五媒体”下了一个传播学定义：第五媒体是以手机为视听终端、以手机上网为平台的个性化即时信息传播载体，它是以分众为传播目标、以定向为传播目的、以即时为传播效果、以互动为传播应用的大众传播媒介，也叫手机媒体或移动网络媒体。

这个定义的第一句话是“第五媒体是以手机为视听终端、以手机上网为平台的个性化即时信息传播载体”。当以媒体的角度来看待手机时，手机一定是信息的载体。这与中国移动从“通信”专家成为“信息”专家是一脉相承的，所以强调手机是“信息传播载体”时，这个“信息传播载体”是有条件的，即“以手机上网为平台”。这里强调以手机上网为平台的意思是着重强调手机这个信息载体是一个海量的信息传播载体，只有上网才能有“海量”的信息存在。我在《无线营销》一书中专门提到了第五媒体成为大众媒体的三个充分必要条件，其中一个就是手机必须能上网。“个性化即时”则强调手机上的信息具有强烈的个性化特点，同时这些信息的发布是瞬间传递的，所以是“即时”而不是“及时”。定义的最开始一句“第五媒体是以手机为视听终端”，通过以上的分析就不言而喻了，即手机事实上已经是一个海量的信息终端了，它是可看的、可听的。

再往下看这个定义：“它是以分众为传播目标”。分众是目前广告传播学里最常用的一个专业名词，顾名思义，是大众细分的意思。这里为什么要把“分众”放在最前面呢？这是因为，在行业应用的营销活动中，企业当前最头疼的就是发布的广告是否能让自己产品的目标消费群看到，而识别出谁是自己的真正消费者的过程就是分众的过程，分众的好处在于节约广告投放成本，提高广告发布效果，所以以分众为目标对于企业来说就非常重要了。如果以第四媒体互联网来看，“分众”实际上就是指“社区”，互联网上的每个虚拟社区都是具有同种爱好和品位的“分众”。而无线互联网的第五媒体，也有虚拟社区，也是分众，但由于无线互联网的随时随地性和手机本身的特性，无线互联网的“分众”实际是“个众”。所谓“个众”是指它能直接精准地面向目标群体，而这些精准的目标群体具有鲜明的个性化特点，一对一传达的信息也具有明显的个性化特征。曾有业内的专家提出手机媒体是“大众化个众媒体”，这对于无线互联网的第五媒体来说是非常正确的。

“以定向为传播目的”中的“定向”是一个网络领域里的常用名词，实际上“定向”与“分众”是同一个问题的两个方面，都是有的放矢。定向更有一种技术的含义，而这是网络广告独有的特点。

再往下看，“以即时为传播效果”，这点对于第五媒体来讲非常重要，实际上“分众、定向、互动”在第四媒体互联网广告上也同样具有这些特点，但只有即时性是第五媒体区别于第四媒体的一个显著特征！因为即时性意味着随时随地、不受空间和时间的限制，正是由于有了即时性，也使“空间”和“时间”“破碎化”了。

“以互动为传播应用”这句话对于从事增值服务和从事网络领域的人士来说平淡无奇，但实际上对于行业应用来说，这句话的意义将改写整个中国营销的格局，也就是说移动增值业务的行业应用将重新定义企业的营销体系。对于这一点，面临转型的SP（增值服务商）认识得并不深刻，对于许多企业来说，它们也可能还没有意识到这迫在眉睫的挑战。

“以互动为传播应用”就使得第五媒体上的广告不是单纯的“投放”，而是“应用”，应用就意味着“解决方案”，解决方案就意味着要对营销体系作出变革！写到这里，我可以说，SP当前面临的转型，其中一个重要方向就是行业应用，而行业应用分为三个部分——移动营销、移动商务、移动政务。其中移动营销涉及面较广，也是增值服务商大有可为的领域，所以SP的增值业务是当前企业面临许多重大实际问题的答案，而企业也必将是许多处于转型中的SP的归宿。在中国从事市场营销的人员有六七千万，相对于这个总量，从事增值业务的SP人才还是非常宝贵的。现在的问题是：SP和企业对相互间的需要认识不清，双方有着巨大的认识鸿沟以及认识上的时间差，所以处于转型中的SP和面临实际困难的企业都是痛苦的。解决这些问题需要时间。

再看定义主体陈述的最后一个词“大众传播媒介”，这里强调了第五媒体是大众媒体。

第五媒体定义的最后一句话“也叫手机媒体或移动网络媒体”，是把第五媒体的叫法通俗化一些，这里要强调的是移动网络媒体并不是网络媒体在手机上的简单延伸。如果单纯认为第五媒体是网络媒体在手机上的简单延伸，就会犯认识上的错误，特别是在无线营销的实际操作中。

从理论上说，第五媒体的手机在作为传播媒介时，可以通过利用庞大的数据库资源，对目标人群进行分众处理，向他们定向地传递个性化信息，并达到与分众目标进行即时互动的广告和营销目的。

综上所述，这个定义涉及了广告、传播、营销、电信、网络、增值业务等多个领域，处于不同领域的人理解会不同，他们可能都对，但在实际应用中可能会不全面，会出现盲人摸象的现象，所以要尽量全面审视，才不会以偏概全。

三、中国无线增值服务商（SP）的战略转型和重新定位

基于第五媒体（无线互联网）的各种无线增值表现形式，带来多种多样的无线个人应用，极大地丰富了人们的视听体验，同时正深刻地影响着人们的消费行为，也反映了整个中国社会正阔步迈向移动信息化时代。

第五媒体（手机）的应用主要分为两个部分。第一部分是个人应用，也就是我们所熟悉的个人娱乐应用，如彩铃、彩信、短信、手机报、手机电视、手机音乐、手机游戏、手机博客，等等。个人应用的繁荣，为第二部分的应用，即行业应用打下了坚实的基础。第二部分是行业应用，又分为移动政务、移动商务和无线营销（移动营销），其中无线营销涉及的面更广泛一些，无线营销所谈的就是如何在移动信息化这个大背景下展开企业的营销活动，其具体的应用形式是通过

基于第五媒体的无线广告形式实现的。

无论是个人应用还是行业应用，其中的关键角色之一是 SP，当前在无线领域中的 SP 是 Service Provider 的缩写，意为服务供应商，为手机无线增值业务（VAS：Value Added Service）提供内容服务，实际上 SP 已成为手机无线增值业务的代名词。手机无线增值业务实际上是电信运营商为了吸引更多的手机用户入网而推出的吸引消费者的附加服务。SP 是通过移动通信网和定位技术获取移动终端（手机）的位置信息（经纬度坐标数据），开展一系列应用服务的新型移动数据业务，它将成为我们将来舒适生活中密不可分的一部分。

随着 3G 时代的到来，以及运营商规范市场力度的加大，许多 SP 面临着战略转型的抉择，这其中的一个主要战略方向，就是在以个人应用为基础的前提下，向行业应用迈进，这需要 SP 们对自己的业务重新定位，调整自己的战略思维，完成经营上的战略转型，提升到一个新的层次。问题是 SP 将如何转型，怎样转，转成什么样呢？

一个答案是转型后的 SP 将是 Solution Provider 的缩写，意为解决方案供应商，即以市场需求为主导的，以手机增值业务为基础的，以手机互动营销为核心的，满足企业外部市场需求的市场营销解决方案，以及满足企业内部经营管理的移动信息化应用解决方案。

中国无线增值企业在行业应用过程中所提供的解决方案是基于两个方面来架构的。第一个是基于无线增值服务产品本身的特点来设计的，如以二维码为核心应用的手机电子优惠券、以此为基础提供的企业终端促销解决方案、以信息名址为核心应用的数据采集及目标客户管理解决方案等等；第二个是基于企业的市场实际需求，如新产品上市、渠道推广、品牌建立等等。中国的 SP 从 Service Provider 向 Solution Provider 转型的过程，也就是与企业紧密融合的过程，这是大势所趋！

在中国，行业应用的思维主要是以媒介化思维为核心的，所以把手机定位为第五媒体符合时代发展的需要，特别是符合中国的国情，因为在中国，营销的问题就是媒介的问题，媒介化思维就是营销思维，就是行业应用思维。

SP 的转型将转成什么样呢？这取决于 SP 对企业的市场了解有多深，或者是否愿意去了解真实的市场需求。当前的许多 SP 已从技术供应型向方案服务型转变就是例证，许多 SP 技术产品的销售代理在向销售服务代理转变也是例证，围绕着以信息名址、二维码、彩铃、移动搜索等技术为核心的解决方案正以各种面貌出现，满足企业市场需求的各式促销方案、营销方案、公关方案等层出不穷，所以，提供服务就是提供解决方案。

移动信息化时代的行业应用解决方案，是以传统营销理念为核心，现代营销手段为方法，媒介应用思维为指导的跨行业、跨学科、跨世纪的营销战略。

总之，在无线增值的行业应用过程中，如果没有方案，只有增值，将会使许多出色的无线“增值”业务成为无线“多余”业务。

四、移动营销领袖先行：第五媒体的互动适应性

2007 年 5 月的一天，接到出版社编辑的电话，提到北京新网互联公司准备在全国进行一场声势浩大的“移动营销，领袖先行”活动，即向全国的企业营销界推广无线营销，其中一项是向国内的近万家企业领导赠送《第五媒体》《无线营销》和《无线广告》三本书，相信这个活动会推动中国企业领导对无线营销的认识，加深企业领导们对第五媒体和无线广告的理解，进一步带动无线互联网产业的行业应用。巧的是，面向全国企业营销界发行量最大的《销售与市场》杂志 2007 年 5 月的“战略版”，其中的高端实务主题就是“第五媒体”，并谈到了无线营销和无线广告，说明中国的主流营销界已开始深入关注新媒体所带来的营销冲击。

1. 从 2005 年“超级女声”的第三名说起

第五媒体的互动性是无线营销的核心。第五媒体的互动适应性决定着无线营销的全面展开和实施效果，我们应当了解哪些群体目前对

第五媒体是最适应的，哪些是暂时不适应的，他们为什么不适应，他们何时会完全地适应。思考这些问题，有助于我们更有针对性地实施无线营销活动。

2005 年湖南卫视的“超级女声”节目吸引了几乎所有年龄段的人群，在前三甲中，第三名张靓颖吸引了一群以时为央视著名体育主持人黄健祥先生和凤凰卫视著名主持人曾子墨小姐为代表的收视群体，他们是典型的所谓“三高”人群，即高学历、高收入、高品位，他们的年龄以 30 ~45 岁为主，在“超级女声”节目的最后吸引了众多中国老百姓参与其中时，这部分人虽然对第三名“超级女声”表示支持，但当时这群人的绝大多数却没有发短信去支持他们喜欢的选手，其中一个主要原因是他们对利用手机这种新媒体互动的不适应性。而目前处于各个岗位决策位置的人员就来自这一群体，他们的参与才能更快地推动无线应用的普及。在“超级女声”这一事件上，已经引起了他们的极大关注和惊叹，并开始对手机媒体进行深入思考，经过近两年的娱乐普及，许多“三高”人群开始适应第五媒体的互动性，许多企业领导也开始意识到了手机作为营销平台的重要性和潜力。从另一个角度说，像“超级女声”和“梦想中国”这样的活动，从某种意义上对推动中国的移动信息化普及起到了很大的促进作用。

2. 学历越高，对第五媒体的互动适应性越弱

第五媒体的互动适应性人群呈现年轻、低收入和低学历化的发展趋势，有越来越多的年轻用户加入到互动生活中来。从调查可以看出，第五媒体的无线互联网应用是朝阳行业，代表着未来的方向，说明年轻人主导着第五媒体的应用，他们对新生事物有着强烈的好奇心，能迅速接收并作出反应，他们也是消费群体中最活跃的部分。现有的商家产品如果是以这个群体为目标消费者的，对他们的无线互联网的适应性行为就必须认真研究，才能更贴近目标消费者。对第五媒体的互动适应性与学历和工作经验无关，反而是学历越高，对第五媒体的互动适应性越弱。

有调查显示，目前人们不轻易用手机上网的一个原因是对高费用的担心，另一个是根本就不会用手机上网，还有就是对高科技有恐惧感的心理。有专家对无线上网用户的描述是："不知道的，不会用；试过的，不再用；会用的，省着用。"不是所有人都能体会到无线互联网随时随地、自由自主的冲浪感受。实际上当前用手机上网与三个因素有关：年龄、职业、地域。

第一个因素：年龄。当前用手机上网最多的用户年龄主要集中在15～25岁，也会有一些30岁左右的用户。基本上用户年龄越大，用手机上网越不适应。

第二个因素：职业。本来用手机上网的理应是在一类城市工作的白领和机关的人最多，但实际情况刚好相反，因为上班族每天用计算机上网，所以用手机上网的机会就不多了，这是许多朋友由此得出用手机上网人数不多的原因之一。实际上学生用手机上网的较多，农民工也较多，形形色色的年轻人用手机上网下载图片、彩铃和游戏。

第三个因素：地域。用计算机上网的在一类城市和沿海城市居多，但无线上网的却在二类、三类城市较多，这是当前的特色。如果你有机会到中国最偏远的贫困地区，就会发现当地许多年轻人的娱乐：一个是打台球，另一个就是用手机玩游戏。

3．共同的挑战：时间

互动的不适应性是当前的一个现实，所以无论是无线互联网企业的经营者，还是企业的领袖，都在共同期待着无线营销市场的启动，都面临着共同的挑战：时间。是的，将要花多长时间才能真正使得无线营销的应用开始全面展开呢？一种态度是等待着目前的互动适应性人群逐渐成长。当他们走上决策岗位时，也就是无线营销全面开花之时，这需要5～10年时间。还有一种态度是积极地通过各种各样的市场活动来培育市场、教育市场，实际上各无线门户扩大市场占有率的过程也是市场培育的过程，但是这个市场只靠一两家企业是无法做大的，需要各方力量一起做工作。现在还不是全面竞争的时候，是导入的阶段，是学习的阶段。新网互联组织的"移动营销，领袖先行"全国推广活动就是这样的市场培育工作。

4. 我们心中的“未来”已经是很多人的“现在”

实际上到目前为止，仍有许多商业精英认为无线营销还比较远，是未来的事。这是可以理解的，但不能忽视的是，已有许多先知先觉的企业开始尝试无线营销，并取得了出人意料的良好效果，像脉动、诺基亚、雀巢、中美史克、福特汽车，以及国美家电等等。相信随着时间的推移，人们对第五媒体的互动适应性会越来越强，会有更多的人加入到无线互联网的应用中来。

五、第五媒体是促销媒体

1. 促销社会的形成

促销的定义是什么呢？促销就是使销售动销的速度加快。促销的英文缩写是 SP（Sales Promotion）与手机增值服务 SP（Service Provider）一样。促销的特点是短、平、快，与第五媒体的特征不谋而合。现在许多企业已经达成这样的共识，市场的竞争就是促销的竞争。从表面上看，消费文化的推动力是促销文化，市场经济的直接表现是促销经济。消费社会是由营销来推动的，营销是推动消费社会发展的主要动力，而当前的实际情况是，营销就是促销。

现代消费社会中，“促销文化”已经极为常见，促销不断地填补着大众的物质欲望，培养人们“喜新厌旧”的消费观，到处寻找人们的消费空白点，不断地刺激着人们的购买欲望，大众传媒在表现和强化“促销文化”的过程中起着重要作用，同时促销也成了激发媒体互动潜质的外在动力。商场、超市众多，竞争十分激烈，与此同时，商场、超市经营的产品丰富，供货厂家众多，促销活动层出不穷，销售策略及价格变化很快，中国特有的假日经济和拉动内需更促使人们使出浑身解数进行五花八门的促销活动，不促销就无法参与竞争，中国的市场已成为促销的海洋。

2. 70 个字足够了

从媒介传播的技巧上看，70 个字之内足以完成一个广告信息发布了。一般来说，促销信息具有短、平、快的特点，所以在70个字内发布促销信息已绰绰有余了。短信广告只有让消费者马上看到实惠才会有吸引力。中国无线互联第一门户的掌门网（byair. com）总裁王维嘉认为：无线互联绝不同于有线互联，网民在有线状态下上网的目的与无线互联绝对有很大的差异，有线互联网上相当多的网民上网纯粹为了玩游戏、聊天等。而无线互联网的最大特点就是实用，上网的目的就是应用，无线互联网的用户都是实在的用户。一项有关移动广告推广活动的市场调查显示，如果通过移动电话广告活动宣传的商品或服务能够提供一定的折扣，几乎所有的被访者都愿意接受这种市场推广方式。

这项调查由HPI调查集团进行，调查总共访问了包括巴西、丹麦、德国、意大利、日本、韩国、新加坡、西班牙、瑞士、英国和美国在内的11个国家，超过3300名移动电话用户。86%的被访者表示如果能够获得折扣，他们愿意在移动电话上接收广告信息。调查发现，由16~45岁年龄段人群组成的移动电话核心消费群体愿意接受促销短信息形式的移动电话广告。当被问到是否愿意接受可以在附近店铺使用的电子折扣券时，88%的被访者表示愿意接受这种促销方式。除了消极接受，还有人表现得非常热心，有33%的被访者说他们非常欢迎这种提供折扣的移动电话广告活动。

这次调查揭示了促使消费者接受移动电话广告活动的四大关键要素：首先，选择性。消费者必须有权决定是否接受广告信息。其次，控制性。消费者必须能够轻易地跳过他们不感兴趣的促销信息；再次，个性化。消费者必须能够设定其接受的促销信息的种类。最后，实惠。消费者必须能够得到实惠，比如打折。

另一家美国著名的市场调查机构CahnersIn－Stat集团发现，移动电话广告活动必须能够为终端用户提供实际的好处。在CahnersIn－Stat集团的调查中，64%的回答显示消费者对于移动电话广告活动并不热烈欢迎。但被访者同时表示：如果移动电话广告活动能够提供特别优惠或折扣，他们就愿意参加。CahnersIn－Stat集团无线市场调查部总监 BeckyDiercks 表示："就像促销活动能够把普通消费者吸引到商店去一样，特别优惠也能够吸引移动电话用户，让移动电话广告对他们来说变得比较容易接受。"

促销就是实惠的立即实现，让消费者马上受益促使他们购买。第五媒体的短信息广告的诉求点就应该定位在"给用户带来实惠"上面，客户得到快速实惠的办法往往是通过参加促销活动实现的。可以看出，第五媒体的手机将在未来的促销活动中大显身手，由于第五媒体本身的随时随地性，使得第五媒体作为促销媒体成为可能。

六、蝴蝶效应：从抵制家乐福的短信看手机媒体的传播特点

2008 年北京奥运火炬传递到法国巴黎时，受到"藏独"势力的干扰，西方媒体对中国的傲慢与偏见激发了中国人的爱国热情，抵制法国零售企业家乐福的呼吁成了人们表达爱国态度的具体方式。我也收到了从上海发来的两条抵制短信，我把最先发给我的这条短信转发给了几个朋友，其中有一个义正词严地回复："我已转发给了 20 个人。"抵制家乐福可能不一定妥当，但转发这条短信却是一种态度，这次事件在传播的形式和效果上呈现出一个可观的景象，所有大众媒体均加入进来，经过逐级的互动，产生了巨大的能量。我是最先通过短信得知这一事件的，然后上网，再看电视和报纸，这种媒介交互式的"瞬间"传递过程，其效果遍及全球。这其中网络传播令人惊叹，手机媒体通过短信的形式游离于受众之间，对传播起了不可忽视的作用。一般我们会关注传播的效果及其影响，但是对于手机媒体的传播方式，我想从传播过程的角度来简要分析一下手机媒体的传播特点。

1. 传播的蝴蝶效应

20 世纪 60 年代，美国气象学家洛伦兹发表文章指出：在气候不能精确重演与无法长期预报天气变化之间必然存在一种联系，这就是非周期性与不可预见性之间的联系。他认为：一串事件可能有一个临界点，在这一点上，小的变化可以放大为大的变化；而混沌的意思就

是这些点无处不在。这些研究清楚地描述了“对初始条件的敏感性”这一混沌基本状态，即著名的蝴蝶效应。为了描述混沌复杂系统的极端敏感性，洛伦兹打了个比喻，在北京的一只蝴蝶的翅膀偶然扇动所引起的微小气流，几星期后可能变成席卷北美某地的一场风暴，这就是天气的“蝴蝶效应”。“蝴蝶效应”的本质是说一切事物都是相互关联的，都处在一个巨大的相互关联的复杂系统中。传播是一个发散的过程，传播在无序中存在有序，传播既能创造“蝴蝶效应”，也能被“蝴蝶效应”所影响。一条小小的短信，不仅能掀起一场“风暴”，并能让这场“风暴”的规模得到“量化”。

2. 传播的开放性

媒介就是信息。信息既不是物质也不是能量，信息就是信息，是在复杂的环境中对不确定性的消除。手机媒体传递短信息的路径构成是一个复杂系统，是一个互相嵌套的巨系统，但是不同的媒体形态构成不同的媒介环境，这些不同的媒介环境是相互沟通的，也就是说是开放的，复杂系统一定是开放系统，会与环境相互作用，使得系统保持一种远离平衡的状态，保持存在持续的信息流维持系统的个体信息“饱满”。所以，这种开放性使得信息的传递可以瞬间完成，开放性是消除信息的不对称性、填补数字鸿沟的基础。

3. 传播的不可预测性

手机媒体构成的短信传播环境是以巨大数目为基础的，手机传播的受众群体特点是人数众多，具有广泛性、复杂性、分散性、无组织性、隐匿性、参与性、积极性等等，并且不固定、不确定。这就导致传播的实际过程是分散的、广泛的、不确定的、不可测的、敏感的，所以传播过程是混沌的，因而传播结构的复杂性是必然的。通过短信形式的信息交换，使得人与人之间产生相互作用。手机媒体的传播路径相对来看是短促的、直接的，它的反馈回路是简洁的，虽然这些个体只能对与自身相关的信息作出反应，但是从网络全局的复杂系统来看，任何个体都无法预知自己的行为会对整体产生怎样的影响，这本身也是产生传播过程复杂性的原因，这种丰富的相互作用导致传播结果的不可预测性。

4．传播的连通性

连通性体现在互动性，手机媒体的杰出特点就是互动性。由于手机的信息传播功能，使“人就是媒体”得以量化实现。虽然有数亿人有手机了，但并不是每个人同时给数亿人发消息，之所以说这个传播系统是复杂的，是因为每个人把短信只发给了几个人，或者只在自己的人际圈子里传播，但是圈子与圈子之间总是有那么一丁点儿的联系，这就导致信息的广泛传播。在社会人际关系上有一个“六度”理论，就是说你要找一个人，中间只需要通过 5 个人就可以找到他。在手机传播网络中，实际上你把一条信息只要传给 3 个人，就可以传遍全世界。这就是移动互联网传播领域的“3 周期传播原理”。复杂系统都是有历史的，具有路径依赖的特点，手机中短信息传播的形态不仅是在时间中演化，还在空间中演化。

5．传播的非集中控制性

手机媒体传播的非集中控制性比较明显，我收到短信，我是信息的被动接收者；我发出短信，我是信息的主动发布者。这是非集中控制的具体表现。“人就是媒体”在这里就显得非常具体，每个人都可以控制短信息的发与不发，在发与不发的判断下，可以产生信息的对称性破缺，使信息的传递向前推进和演化。非集中控制性，因为是非集中的，所以也是不稳定的。手机传播的非集中控制性体现在“人就是媒体”的具体行为中，从社会意义上来看，这是信息民主化时代的表象，信息民主化的结果就是使信息的发送者和接收者不是局限于精英阶层，而是广泛的大众，在手机媒体时代，这广泛的大众更表现为个性化传播的“个众”特点。

6．传播的自相似性

在家乐福事件中，人们传递的信息是明确而具体的，“拿出行动来表明爱国的态度”，每一条短信所传递的就是这样的信息，每个传递短信息的个众是自动生成的自组织，每个自组织在无序的复杂结构中进行有序的信息传递，与宏观结构的信息含义相对应，自组织的行为是宏观结构的映射，是自相似的。自相似是指整体与部分相似，同时自相似是可以自动生成的，每转发一条短信就生成一个自相似结构，就强化一次信息传递的能量，这是典型的分形结构，是多重的、嵌套的、不可计算的。从复杂性的角度看，分形结构具有在不同尺度上仅以单一组织模式不断重复至无限的特性，实际上手机媒体的传播结构就是分形结构。

7. 传播的适应性

手机媒体的传播表现出了极大的适应性。虽然手机媒体的传播结构是复杂的，具有不可预测的特点，但并不是完全随机的，它具有适应性的特点。适应性是一种主动性，适应性的一个重要表现是自我聚集，只要在一个开放的复杂信息环境中分散着这种具有主动性的适应性行动者，就会有自动聚集的倾向。人就是媒体，手机媒体被赋予了生命意义，手机媒体的信息传递是主动的、顽强适应的，不断聚集会产生一定结构的聚集体，社区是这种结构的表现，完成了聚集就会产生传播的“进化”，并影响传播的结果。

8. 传播的涌现性

亚里士多德在几千年前就为21世纪的传播学理论提供了一个论断：“整体大于部分之和”。这个论断导致了“涌现”这一科学前沿思想。“涌现”是复杂系统的一种整体模式、行为或动态结构。在手机媒体的传播过程中，“涌现”是传播结果。奥地利生物学家贝塔朗菲认为一个复杂系统的最大特点是，各种组分元素组合在一起形成一个有机系统，必然会出现单个组分从来就没有过的新特质的“涌现”。系统产生“整体涌现性”不在于物质，不在于能量，而在于信息，“涌现”具有宏观层次解释的自主性，在手机短信抵制家乐福事件中，“整体涌现性”的表现是家乐福的声明、中国人的爱国热情、西方媒体的惊异。“整体涌现性”还会在不同的社会层面、不同的时空结构上体现出来，呈现出商业的抵制、文化的对立、经济的制裁、文明的冲突。

七、江西手机台：权威无线新闻主流第五媒体

美国有线新闻网CNN是世界上第一个24小时新闻电视台，通过卫星24小时连续实况插播国内外重大事件。这是一种全新的、完全不同于以往的电视新闻，打破了地域界限，让一切同步发生。

如果说CNN作为第三媒体电视可以随时随地发布消息的话，那么第五媒体上的“CNN”就可以让受众随时随地接收信息，并且第五媒体的信息发布与接收是全方位的、立体多媒体的。它可以通过文字、图片、广播、电视等我们目前所见的所有媒体形式进行传播。

美国CNN还没有开通手机上的“CNN”，而在中国的江西省南昌市却已经开始了。在中国第一个吃螃蟹的是“江西手机台”（wap. jxhlw. cn）。该手机台由江西省委宣传部、省文明办主办，具有独立新闻采访资质，是迄今我国首个以独立品牌运作的移动新闻媒体。你可能已经注意到了，“江西手机台”并不是“江西手机电视台”，说明它将运用手机报、手机杂志、手机广播、手机搜索、手机博客、手机电视等多种形式来报道各式新闻，说明第五媒体是“超级媒体”。用手机上江西手机台，首页有9个栏目：新闻、视听、校园、现场、体育、消费、民生、娱乐、分类。要强调的一点是江西手机台的诞生是政府行为，说明第五媒体的运营和发展必须要有一个良好的发展环境和有力的监控，才不会使这一新生事物的可信性和权威性受到影响。江西手机台虽然仍有许多可完善的空间，比如利用信息名址技术通过短信直接指向江西手机台的手机网站，而不必记住这个网址，但最重要的是第一步，先有这个手机台比怎样做好手机台更重要。

江西手机台首页图片是江西井冈山的主峰五指峰，负责江西手机台运营的刘浩先生介绍说五指峰象征第五媒体，是创新精神的体现。江西手机台是一个具有独立新闻采访资质的新媒体。从中国移动宣布拥有广告资质到江西开通“江西手机台”不到两个月的时间，预示着手机在中国的应用先从媒体的应用发力，符合中国的实际应用环境和

需求。在通信技术快速发展的今天，以手机为“第五媒体”的应用才刚刚开始，它的应用形式必将丰富多彩，从而深刻地影响着人们的生活方式、消费观念。

八、龙广手机媒体：手机广播和手机视频直播

2011年1月13日，笔者应黑龙江人民广播电台（龙广）手机媒体的邀请，来到冰天雪地的哈尔滨，与龙广手机媒体进行了关于手机媒体的交流讲座，领略了龙广滑雪高手们的英姿，同时参观学习了黑龙江人民广播电台的手机广播和手机视频直播。

龙广手机媒体成立于2007年12月，依托于短信、彩信、WAP网站、手机广播、黑龙江打折网等新媒体资源，开展行业短信彩信应用、品牌网络营销、广告宣传等业务，是集品牌建立、信息传播、网络营销、文化娱乐等多种功能于一身的，服务于企业和听众的全新媒体平台。

2008年3月，龙广手机媒体与黑龙江省移动公司联合推出创新的新媒体广播——手机广播，成为全国电台中较早开通手机广播的先行者。手机广播的开播使黑龙江人民广播电台的节目覆盖范围进一步扩展到黑龙江省全部有移动手机信号的范围，成为广播节目传播和覆盖的新平台、新通道。龙广手机广播的推出改变了传统的收听方式，弥补了传统广播信号覆盖不足的弱点。科技手段、精准传播，收听更清晰，息信到达率100%。为用户提供资讯、音频、娱乐、游戏、学习和服务等多功能媒体服务。收听更加随时随地，体现出与众不同的收听享受，获得物超所值的服务。目前，手机广播用户达30万人。

2009年2月12日，开通的大冬会手机广播是全国首家以手机新媒体形式宣传大冬会的专业广播。中外宾客和黑龙江听众能够24小时免费收听大冬会盛况。大冬会手机广播作为省电台服务大冬会宣传内容创新和技术创新的一次探索，展示了大冬会报道中新媒体的独特魅力。6月，手机广播再次成功直播了NBA总决赛，每天近千人同时在

线收听，累计用户达到20万人次。

随着3G技术的日臻成熟，其应用范围越来越广泛，而目前最直接也是最为用户接受认可的，就是手机Wap网站。龙广手机媒体顺势而动，策划建设手机wap网站。主要包括龙广宣传、新闻在线、音频视频收听查看、下载专区、行业应用、手机社区等模块。

龙广手机媒体不断钻研新媒体技术，目前已成功实现手机视频直播，用户们只需要使用手机登录龙广手机网，或者通过下载由龙广手机媒体独立开发的手机视频客户端，即可在手机上实时收看视频直播。为用户提供更加便捷的无线互联网丰富应用，同时也为各类社会大型活动提供有力的技术支持。

手机媒体已成功对“2010哈尔滨之夏国际啤酒节”开幕式、中国（哈尔滨）动漫配音高峰论坛、龙广高校台落地牡丹江、大庆、绥化、佳木斯及齐齐哈尔、黑龙江人民广播电台建台65周年庆典、牡丹江移动周传雄歌友会、龙广之声新年音乐会、龙广生活美食节等大型活动进行了全程手机视频直播。

龙广手机媒体拥有异常丰富的媒体资源，自有宣传渠道丰富，其一直倡导的舆论理念是：一种传输四种到达。作为省内知名的传统媒体，龙广手机媒体拥有庞大的听众群，忠实的听众遍布全省各个角落，且忠实度高，群体稳定性高；龙广手机媒体现已拥有十套广播节目，可以覆盖各类听众，节目和主持人对听众的影响力强。

龙广手机媒体深入发掘龙广各频率医疗节目的信息和服务资源，与省医院、省中医药大学附属医院、医大一院、医大二院等省内知名医疗机构合作，搭建黑龙江公众医疗信息服务平台，通过手机音频及图文信息，为用户提供一条快捷、优质、高效的新型医疗服务通道，并向广大患者提供最新的医疗信息动态、预约挂号、预约手术及病房、导诊、问诊、健康知识咨询等多项服务。

龙广手机媒体关注全社会的热点，先期开通英语频道和中高考频道，提供成人英语、少儿英语、英语沙龙、私人外教、课内辅导、应试指导、心理咨询、名师在线等服务。

龙广手机媒体整合黑龙江全省优秀律师资源，启用“龙广爱心律师团”，汇集十大律师事务所，近八十位律师资源，通过手机广播音频及图文信息，为广大人民群众开展便利的法律咨询服务，实施一系列便民法律援助服务计划。

目前，龙广手机媒体依托黑龙江人民广播电台丰富的媒体资源优势，已经与黑龙江省内各个行业建立起广泛而深厚的合作关系，其中包括与黑龙江省移动公司建立全面的战略合作伙伴关系，与中国联通、中国电信保持紧密、深入的合作关系，凭借3G 技术，建立快捷、方便、现代、有效的黑龙江省“无线城市”，为公安、教育、法律、医疗、交通、资讯、金融等行业提供丰富的行业应用服务。

2010 年，龙广手机媒体开展第二届十佳主持人评选、六个十佳和谐单位评选及省十大公安干警评选等大型活动的投票活动，不但采取传统活动投票方式——短信投票，还开通了手机广播、飞信及 139 邮箱等电子投票方式，投票数量达到 300 万条。

龙广手机媒体获得“2010 中国手机新媒体新锐品牌奖”

2010 年 11 月，龙广手机媒体参加了第三届新媒体节，并获得“2010 中国手机新媒体新锐品牌奖”，这份代表着新媒体产业界最高荣誉的“新媒体领军榜”，是经过长达数月的严格遴选、广泛的社会调查、专家评审、网上投票等环节最终产生的，这意味着龙广手机媒体已跨入国内新媒体的一流品牌。

手机媒体发展势头强劲，对于传统媒体而言，理解新媒体的现在就能掌握传统媒体的未来；对于手机媒体而言，理解传统媒体的过去就能掌握新媒体的现在。手机媒体化将不以人的意志为转移地向前推进。龙广人正在力争把龙广手机媒体做成全国手机媒体的一流品牌，更好地把握用户的需求，通过业务的个性化内容，为手机用户提供更新、更广泛的媒体服务，使龙广手机媒体成为中国新媒体企业的骄傲。

九、手机媒体中的“贵族”：WE 微杂志

“一个具体而微的手机杂志，一份如影随形的资讯宝典”，几年前我的手机就收到过这样一份手机杂志，WE 微杂志，以其雅致、时尚、恬静的气质深深地吸引了我的目光。一次在广州客户手机媒体销售提案的现场，我见到了北京众览无限华南地区负责人吴钟先生，这才有机会深入了解 WE 微杂志的前世今生。WE 微杂志作为北京众览无限的核心产品，是向受众提供度身定制的资讯杂志，与消费者分享高品质的生活方式的无线电子杂志，是品牌与消费者沟通的良好渠道。当微建筑、微地理、微旅行成为暗涌的流行时，WE 微杂志带着“一个具体而微的手机杂志，一份如影随形的资讯宝典”的理念应运而生，是新传媒势力中理性又感性的分子。由 WE 微杂志带出的微传媒、微阅读的理念，在全国范围的媒体内被多次深度报道。

北京众览无限是中国移动批准的首家全网彩信发送商，拥有良好的行业、政府关系和专业的团队组合：一流的媒体、创意团队，一流的广告销售、市场策划团队，一流的 IT 支撑团队，以及独特、创新的业务模式，长期的业务增长策略，这些都使众览无限在行业中获得良好的口碑及业内认可。

北京众览无限拥有全国独一无二的3000 万白领精准数据，覆盖全国 33 个高端城市，二期将覆盖全国 50 个重点城市，其中“WE 微杂志——WE 时尚刊”拥有 500 万白领固定读者。众览无限是唯一可以接受权威公司 AC 尼尔森对数据属性及发送效果进行质量验证的同类

公司。众览无限以居住城市、年龄、收入、性别，对数据进行系统化的整理和管理，实现无线媒体分众化传播、定向化传播、互动化传播、需求化传播的市场推广方式。

北京众览无限具有独特的业务模式，以丰富的数据库作为基础，配合富有创意的媒体策划，其业务模式大大降低了千人到达成本。近年来国内高速增长的无线市场也给北京众览无限带来了业务量的大规模增长。

目前 WE 微杂志为双周刊，按性别、年龄、收入分为 4 本刊物，自 2007 年 7 月 19 日起正式发送；并根据 Tag 化编辑方针，衍生出了适合不同年龄层和不同城市甚至不同阅读兴趣的微杂志。

WE 微杂志编辑特点是以多元立体的视角选择并解读资讯，进行资讯的二度创作，用 Tag 来定向编辑管理，让受众抵达“微阅读”的信息接收境界，真正提供分众定制服务，以满足受众个性化的阅读兴趣，让每个微受众都能享受到 vip 定向阅读的微服务。

WE 微杂志市场推广具有微特色，具有速度快、分众性、定向性、精确性、蔓延性、互动性等特点。作为唯一与消费者 24 小时接触的媒体平台，可以在合适的时间、合适的地点、以合适的方式将客户所要传达的信息传递给最准确的人。广告客户越来越重视品牌形象的细节和微观服务，而微杂志的窄口传播和黏性阅读更彰显其传播价值，让客户找到耳目一新又行之有效的协力和深度合作伙伴。

WE 微杂志的受众数据具有强大优势，在 8.4 亿手机用户中锁定中高收入的商务、时尚群体，对 20～45 岁间核心消费人群重度覆盖，他们是整个社会消费的主导，具有特定消费习惯、消费层次或其他特定属性的定向群体。对于客户而言，广告或公关活动价值的大小不仅在于接受信息受众的数量多少，更重要的是在于受众群体是否准确，WE 微杂志拥有的数据库，可以实现按照不同的标准把手机用户分为不同的消费群体供客户选择，也可以按照客户要求挑选特定的消费人群，从而实现准确到达，这也是 WE 微杂志的核心价值所在。WE 微杂志在全国各城市都有自己的数据库和目标受众，可以跟随客户市场计划的节奏，同步招募新地区的受众，并帮助品牌迅速培养目标受众对该品牌的忠诚度。除了可以帮助客户在定向受众中培养树立其品牌形象和品牌价值，还可以灵活地为品牌制作 opening、event 推广，会员招募及手机会员刊制作及定向发送。利用手机杂志“及时及地及效”的特性，为客户设计一系列互动推广的商业合作模式，如凭 WE 微杂志前往精品店或专柜领取礼物等等，产生机会消费和黏性消费。

目前在手机媒体 WE 微杂志合作的知名广告客户包括：雅诗兰黛集团，欧莱雅集团，宝洁，联合利华，资生堂，现代汽车，太平洋百货等多行业著名品牌。

随着国内无线市场的需求日益扩大，手机媒体中的“贵族”：WE 微杂志，将从容发展！

WE 微杂志：“一个具体而微的手机杂志，一份如影随形的资讯宝典”

第四章　无线广告发布的“个众模型”

一、广告是一种艰难的说服

广告泛滥是需求泛滥的一个标志。美国学者米切尔·舒德森在《广告，艰难的说服——广告对美国社会影响的不确定性》一书中指出：“广告是一种社会行为模式，在消费品的销售中发挥着一定的作用；广告是一个产业，制造出来的文化产品叫广告；广告是无所不在的符号系统，是无孔不入地赤裸裸地宣传消费文化。”“广告宣传产品的功能，不如它促使人们把消费作为一种生活方式的作用大。”“消费文化就是一个社会拥有大量消费商品，更为常见的是，消费文化被看成是人类价值受到严重扭曲的社会，商品变得比人更重要，或者换一种表述方式，商品本身已经不是目标，而是被高估的可用于获取诸如爱情和友谊等可接受的目标的手段。”其进一步一针见血地指出：“消费文化的出现是生活方式、道德，甚至人性的退化，从过去崇尚劳动的生产道德规范变成现在的追求消费，痴迷于‘生活方式’，道德水准下降。”虽然在米切尔看来，沉溺于物质的消费者是可憎的，但在“存在就是媒介”的环境下，消费者又是脆弱的。

美国学者克里斯托弗曾说过：“大众传媒的兴起，使得真实和虚假变得与对其影响的评价互不关联。可信取代了真实，听起来权威但实际上不传播任何权威信息的表述取代了事实。”我在《无线营销》一书中提到，中国当下的媒介环境的一个主要特征是：媒介的“破碎化”，存在就是媒介，媒介就是“恶心”。媒介的“破碎化”也是消费多元化的体现，媒介的无所不在是人们对物质追求的无所不在，媒介是物欲的影子、贪婪的象征。广告实践以非常特别的机会主义的方式使用了大量的消费者观念和人性思想。人们每天接收到大量广告，任何一个广告吸引注意力的机会都会变得很渺茫。同时，广告主们尖声叫喊，销售自己的产品，不管卖的是什么，每个人都声称自己的产品最好最新最方便。消费者接触此类东西越多，越可能对一切广告产生一定程度的怀疑。消费者将会到广告之外去寻找广告可信度表现的线索。

理解媒介环境不仅是对可供消费者利用的媒体形式进行分类，而且还可以识别出特定广告的信息质量随着媒介环境变化的种种方式。虽然广告可以通过种种手段使消费者产生情景性无知和结构性无知，从而轻易地在短期内影响消费者，但不同媒体能在消费者中唤起不同程度的信任。广告主们认识到，一则广告出现的环境在某种程度上决定广告的可信度是提高了还是降低了。如果消费者根据他们对各种广告媒体可信度的看法而对广告产生怀疑，那么他们对无论何种媒体的一切广告都会有一定程度的怀疑。媒介环境不仅是由其中的各种媒体形式组成的，而且还由消费者对各种不同媒介经验的看法共同组成。

在发布广告的媒介环境里，争夺消费者眼球的竞争十分激烈。有些竞争信息直接和广告内容产生冲突，而且其可信度之高绝非广告所能媲美。消费者不是生活在社会或信息真空中，而是会有意无意地根据各种信息资源来作有关产品的决定。广告的说服力取决于消费者的社会和信息地位，也取决于产品的性质，虽然广告的说服力还取决于广告创意的技巧，但更取决于广告所存在的媒介环境和媒体形式。广告是一种艰难的说服，如果它容易的话，也就不会有激烈的产业竞争了。

二、无线广告是促销广告

在《第五媒体》一书中，我强调了第五媒体是促销媒体，同时提醒营销策划的决策者要把“第五媒体是促销媒体”提升到战略层面来认识。如果第五媒体是促销媒体的话，无线广告就是促销广告。实际上第五媒体与传统媒体一样，从信息发布的层面看，第五媒体同样可以承载品牌广告、产品广告等多种宣传目的，但是由于第五媒体的特点，使得只有与促销信息有关的内容才能真正吸引第五媒体的受众感兴趣，也就是说，第五媒体上的信息传达，只有促销信息的效果最好。所以，无线广告是促销广告，将使营销广告策划人员紧紧围绕着促销活动来使用第五媒体，使无线广告的效果直接与终端的销售挂钩。

1．什么是无线广告

无线广告是指利用第五媒体为平台发布的广告，具体地说就是以手机媒体为平台发布的广告。无线广告的发布具有更好的互动作用、可测量和可跟踪等特性，可以针对分众目标，提供特定地理区域的直接的、个性化的广告定向发布，具有分众、定向、互动、即时的特点。无线广告可通过手机短信、彩信、彩铃、声讯、手机流媒体等所有手机增值服务来发布，无线广告发布效果可通过互动的量化跟踪和统计进行评估。无线广告也称为手机广告或移动网络广告。

2．从“个众模型”看无线广告的发布特点

广州个众无线广告传播有限公司在代理中国移动的彩铃业务时，针对彩铃的特点提出了个众无线广告发布模型，这一模型适用于所有第五媒体上的无线广告发布形式。

个众模型＝终端发布＋分众发布＋大众发布

无线广告就是个众传播，个众传播效果可以通过过程和结果两个层面来评估，过程是品牌偏好，结果则是销售结果。个众传播的特点是受众主动搜寻信息，同时还进行信息的个众发布。

个众发布必须是在用户准入的前提下完成的。什么是用户准入？用户准入是指用户自愿并主动下载无线广告，发布到自己或其他人的手机上。什么是个众发布？用户准入下载无线广告，即完成了无线广告的个众发布，所以，用户下载等于个众发布。无线广告个众发布以“用户自愿”为第一原则。

什么是终端发布？终端发布，是指将互动信息嵌入到产品包装、卖场宣传品及促销品中，具有下载指引及产品促销的双重功能。终端发布的宗旨是充分利用促销活动为消费者带来的实际利益拉动销售。终端发布是将第五媒体充分与产品本身进行互动，通过促销品、优惠券等拉动产品销售。

什么是分众发布？分众发布，是指在基于第五媒体的无线分众媒体上进行无线广告上传，以有奖活动激励用户下载，实现个众发布无线广告。分众发布的最终目的是拉动个众用户准入的个众发布。

什么是大众发布？大众发布是充分利用第五媒体的超级引擎作用，使不同的媒体进行互动，拉升个众发布的用户准入率，可以在站点端口设置的支持下，对比测量传统媒体的广告效果，为企业选择媒体提供标准与依据。

三、无线广告的到达率就是有效到达率

无线广告的到达率就是有效到达率。因为无线广告的发布不是盲目的，是在精确地识别目标消费群后对广告的投放，这是与传统媒体的广告完全不同的地方。我们都知道，企业投放广告媒介购买的是有效到达率和有效频次，另外企业还要看媒体的表现能力，如媒体品牌的匹配度以及媒体的公信力。

传统的到达率的定义，是指有多少“不同的”家庭或个人，在一定的期间内（通常指的是 4 周），至少接触一次广告的非重复性人口的比率。传统到达率要回答的是：在特定频道、特定时段的广告播出完成后实际送达的不重复的观众人数占所有目标观众人数的百分比是多少？

传统的接触频次的定义，是指个人（或家庭）接触广告信息的平均次数。有效接触频次也称为有效到达率，是一个描述广告接触频次与广告效果的关系的概念，指的是对目标消费者达到广告诉求目的所需要的广告重复播出频率。所以真正地在第五媒体上投放无线广告必

定是在无线数据库营销的基础上展开的，投放原则是首先识别目标对象，然后定向投放并与之互动，这样无线广告的投放千人成本就不是到达率的千人成本，而是有效到达率的千人成本。

千人成本以两个因素为主要关注的指标：受众和成本。成本是指一个媒体的广告时段（版面）的价格。千人成本可以用来评估广告的效率及其经济性。以第五媒体上的短信为例，有专业人士做过这样的估算：“短信息 70 个字的内容在报纸上宣传的成本是 5 厘，在央视宣传的成本是 5 分，而短信宣传的成本是 1 角。”然而，报纸和电视的广告信息虽然成本低，但这只是计算了到达率的成本，而不是有效到达率的成本。如果算有效到达率的话，报纸和电视的成本就大大高于短信了。这就是为什么广告主一直在说：“有一半的广告费被浪费了，但却不知浪费的是哪一半！”这句话的意思实际上是说广告到达率可能很高，但不一定是有效的到达率，这是传统媒体所面临的实际问题。

而无线广告的有效到达率可以通过第五媒体的互动性反映出来，互动性可以反映出广告信息的实际效果，也就是说无线广告的发布效果可以通过互动的量化跟踪与统计来评估。这就要求企业在利用第五媒体手机展开无线营销时对营销策划的互动性设计要非常巧妙，同时也要对第五媒体的互动性有深刻的理解。

四、手机媒体无线广告 SWOT 分析

1．无线广告的优势（Strength）

第五媒体手机是极端个性化的日常用品，与人的接触是随时随地的，手机已快成为人身体上的另一个“器官”，具有极大的黏性特征。手机与固定电话和计算机不一样，固定电话和计算机可以是全家使用的，而手机信息个性化非常明显，所以以手机为平台的定向沟通能迅速引起手机用户的注意。另外，手机信息可以及时快速地传递，其成本效益也比传统媒体低。第五媒体上的广告发布，可以利用手机用户

的数据库，对目标对象进行分众，定向地向他们发布无线广告，同时利用手机的互动性，判断出量化的无线广告有效到达率。

2. 无线广告的弱势（Weakness）

由于手机的极端个性化，使得第五媒体手机是一个非常敏感的信息渠道。这就要求无线广告要非常小心地留意要在何时、何地传播信息，以及怎样传达广告信息。由于手机媒体的广告接触频次是有限的，且手机短信只能有 70 个字，广告信息不可能太多，因此对广告创意的要求更高。手机用户对无线广告的接受程度和广告效果的有效性均需要验证和引导。

3. 无线广告的机会（Opportunity）

手机正处于高速普及的过程中，手机上网方兴未艾，这意味着无线广告业也会蓬勃发展。互联网的普及将与手机上网运动交织在一起，相互推动向前发展。近两年，广告主们已认识到第四媒体互联网广告的好处，同时对于移动互联网也有正面的和建设性的期盼。高速发展的网络宽带与无线广告相关技术发展十分迅猛，因此，高视听暴露度的广告有了更大的实现空间。由于第五媒体的互动性本质，使得广告信息传递的速度和广告效果的质量有了很大的提高。而许多新的技术可以实现对第五媒体终端用户行为的测量和评估，数据库营销的战略实施变得切实可行。随着定向和定位技术的普及应用，广告主可以精确锁定目标对象，做到真正意义上的广告的有效到达。对手机终端用户来讲，将会获得更有效和有用的资讯。

4. 无线广告面临的威胁（Threat）

第五媒体无线广告面临的威胁主要来自以下几个方面：第一，手机用户由于担心个人隐私泄露而不愿使用手机接收广告；第二，手机用户对高科技的恐惧感，以及企业未经授权就滥用手机用户的个人资料，再加上许多电信公司在营销上的经验缺乏，使得广告主和手机用户均没有信心使用第五媒体；第三，对移动互联网高期望值产生的失落感。不管怎么说，手机媒体仍在颜色、空间、操作上有局限性，许多使用者和投资者在初期会抱有很大的希望，而运营商在实际操作中没能兑现使用效果承诺，令人失望；第四，仍有众多的SP、地区运营商缺乏诚信，不断地误导初期使用者，骗取用户的资费，不尊重消费者的使用感受，使人反感并产生不信任感；第五，政策风险。运营商的政策不断处于变化中，SP处于被动状态，风险有可能被转嫁到手机用户身上，从而进一步打击人们对无线广告的信心；第六，手机病毒。随着手机上网时代的全面来临，手机病毒也将随之而来。

五、“垃圾短信”与“垃圾广告”的本质区别

在央视曝光了“垃圾短信”之后，许多人提出为什么不治理电视上的“垃圾广告”的疑问。这里所谓的电视“垃圾广告”，主要是指人们一直以来长期忍受的广告长时段的插播现象。在许多节目的开始、中间及结束中见缝插针式的、无休止的广告播放，挑战着人们的忍耐极限，让人产生莫名的“恶心”感。可悲的是，人们居然都挺过来了！人们对电视上的这种广告投放方式已经熟视无睹了，但为什么“垃圾短信”就不行呢？是因为传统电视媒体的强势地位，还是人们对新媒体有成见?!

可能是，也可能不是。最关键的是，电视“垃圾广告”与“垃圾短信”有着本质的区别。这里谈的本质区别，是从媒体本身的特点来看的。电视是第三媒体，是一块距离你几米远的显示屏。手机是第五媒体，是人身上的一个外置“器官”，人就是媒体，所以无线广告是直接投放在“人”身上的。这就是“垃圾短信”与电视“垃圾广告”的本质不同。“人就是媒体”要求无线广告投放的首要原则是“准许”，尊重用户的个人意愿。在无线广告发布的过程中，无论形式多新颖、内容多丰富，用户的许可都是第一铁律。在手机媒体的行业应用过程中，“准许”既是行业宗旨，也是商业模式。

“人就是媒体”既抽象又具体，指人人都有话语权。传播“人就是媒体”导致传统媒体话语权的稀释，这也是中国第一个手机台——

江西手机台定位于“权威无线新闻，主流第五媒体”的原因之一。

因为“人就是媒体”，所以才要“以人为本”，以此为核心理念的商业模式才会有生命力。

随着中国3G的到来，手机媒体作为新媒体的杰出典范，更将焕发出其独有的魅力。传统媒体与新媒体结合是必然的。对于传统媒体来讲，理解新媒体的现在，就是理解传统媒体的未来。

六、费马大定理与华纳梅克浪费率

“一个立方数不可能分成两个立方数，一个四次方数不可能分成两个四次方数，或者一般地说，任何一个大于2的幂，都不能分成两个同次方的幂，对这个问题我已经发现了一个真正奇妙的证明，可惜要写下这个证明来，这页书的空白太窄了。”

1621年，法国数学爱好者费马（也是位律师），看到公元3世纪时亚历山大利亚的丢番都（Diophantus）写的《数论》后，写下了上面的旁注，这个著名的旁注已有300多年的历史了。从那时起不知有多少数学家希望空白能再大一点，以便费马能把那证明写下来。

在中学时，我们都学过毕达哥拉斯定理（勾股定理）：在直角三角形中，斜边的平方等于两个直角边的平方和，即$X^2+Y^2=Z^2$。费马在业余时间研究毕达哥拉斯方程时，把这个方程写成了一个通用的形式，即：$X^n+Y^n=Z^n$，非常类似于毕达哥拉斯方程，在此基础上他把这个方程延伸了一下，并下了一个结论，即当n>2时，这个方程没有任何整数解。费马在《数论》这本书的页边处记下结论的同时又恶作剧式地写下了这个著名的旁注，这就是数学史上著名的费马大定理。费马这位业余数学之王制造了一个数学史上最深奥的谜，证明费马大定理成为许多大数学家的理想。

20世纪60年代初的一天，一个名叫怀尔斯的英国小男孩走进伦敦弥尔顿街上的一个图书馆，他翻开一本书，立刻被深深地吸引住了，这本书只有一个问题而没有答案。这本名为《最后的问题》（*The Last*

Problem）的书中叙述了费马大定理的历史，这本书的作者 E. T. 贝尔（Eric Temple Bell）甚至断言：“文明世界也许在费马大定理得以解决之前就已走到了尽头。”

30 多年后的 1995 年，这个英国小男孩已经是美国普林斯顿大学的一名教授，经过 8 年的奋战，他用 130 页的篇幅证明了费马大定理。怀尔斯成为数学界的英雄。

在广告界，也有一个至今仍悬而未决的大问题，那就是：“我知道我的广告费浪费了一半，问题是我不知道哪一半被浪费了。”这就是 19 世纪美国零售巨头约翰·华纳梅克发出的著名的悲叹。

约翰·华纳梅克（John Wanamaker）是一位商人，于 1870 年在费城开创了百货公司并发明了标价签，他是第一个现代意义上的广告主——第一个在报纸上做广告的人，在报纸上买版面宣传自己的商店。这句著名的悲叹最后演变成了“华纳梅克浪费率”，至今仍在世界各地的广告界和企业界被口耳相传着。它是企业决策者们经常反思的战略问题：“我做了这么多的广告，但不知如何确切评判效果，更不知什么时候、什么样的广告起了作用”，“如果我知道我的广告有效果，我就会投更多的广告费”。“华纳梅克浪费率”成了广告界的“费马大定理”。

历史的车轮碾进了 21 世纪，技术的进步更进一步地推动了全球一体化，移动信息时代出现在我们的眼前，人们突然发现，利用手机，通过无线广告展开的无线营销活动，有可能使广告界这一悬而未决的华纳梅克浪费率问题得到解决，或者说，可以找到解决这一问题的有效方法和途径。

第五章　无线营销的“4I 模型”

一、第五媒体强势崛起，无线营销呼之欲出

对很多人来讲，手机作为第五媒体，既是熟悉的又是新鲜的。《第三次浪潮》的作者托夫勒指出，社会急剧变化所造成的人类最大的危机，就是使人的心灵丧失了三种东西，那就是：共识、秩序和意义。由于缺乏共识，就会产生许多误会和冲突，引发彼此的疏离和冷漠；缺乏意义，就会使生活没有目标，迷失方向，使人困惑而混乱。面对以第五媒体手机为基础的无线营销，企业界和广告传播界也要调整思维方法，重新审视这急剧变化的环境，考虑如何面对充满了不确定性的复杂环境。但所有的基础建立在我们对行业定位与发展的共识上。

人们当初怎么也没想到，中国的信息化道路走到今天，信息化社会“最后一公里”的重任会落到手机这个小小的通信工具上！随着中国信息化普及工程的全面实施，一个以移动信息为主题的社会信息化运动已全面展开。在市场经济的大潮下，移动信息化已凸显在这个大潮的浪尖上，所有人都将被这个浪潮所推动，每个人都将被编织在移动信息化的网络中，我们已无法回避。中国高速增长的手机普及率和上网率，预示着全面网络社会的步步逼近。移动信息化是当今社会发展的主旋律。在这样的社会背景下，我们需要重新武装我们的头脑，重新构筑我们的知识结构，要以全新的眼光和崭新的思维来看待这急剧的变化，只有先重新审视我们自己，才能适应这急剧的变化。

手机是中国普及度最高的信息化终端。目前，中国手机用户已超过 8. 4 亿人，而且仍以每年 6000 万 ~7000 万人的巨大增幅向更大的

范围迅速普及！未来，中国拥有手机的人数将超 13 亿人。手机正在改变着人们的生活，影响着人们的生活方式和消费行为。以短信为代表的手机增值业务也正在迅速地被手机用户所接受，简洁、方便、价廉、高效的短信，其呼叫次数总量已超过移动语音呼叫次数总量，手机作为第五媒体已强势崛起。第五媒体时代已经来临！

第五媒体对消费者产生的重大影响是潜移默化的，且比以往其他媒体的影响更深刻，更迫在眉睫。中国的营销广告界已感受到了这扑面而来的挑战。如何认知以手机为依托的第五媒体，它的特点是怎样的，如何应用，如何在网络信息化的今天开展营销活动，无线营销会为企业带来什么，等等，这些都是全新的课题，也是营销广告界面临的市场现实。基于第五媒体的无线营销已经呼之欲出。

二、无线营销：传统营销手段在新媒体上的应用

传播就是营销。新的传播方式是通过新的传播媒体实现的，而新的媒体意味着新的营销模式。

如果我们认定手机作为传播平台是第五媒体的话，在手机媒体上发布广告的传播形式，我们定义为无线广告，那么，企业运用第五媒体和无线广告的过程，就是无线营销。

由于无线营销和传统营销所采用的工具不同，以及相对应的销售模式的差异，使得无线营销活动别具特色。第五媒体是实现无线营销的客观基础。

1. 什么是无线营销

无线营销（Wireless Marketing）是指利用以手机为主要传播平台的第五媒体，直接向“分众目标受众”定向和精确地传递个性化即时信息，通过与消费者的信息互动达到市场沟通的目标。无线营销也称为手机互动营销或移动营销（Mobile Marketing）。

无线营销是在强大的数据库支持下，利用第五媒体通过无线广告把高度的个性化即时信息精确有效地传递给消费者个人，达到“一对

一”的互动营销目的。无线营销是一种新型的关系营销，其最大的特点是通过第五媒体建立起“一对一”的营销平台。这种“一对一”的营销平台是建立在针对目标消费群的细分市场基础上，通过对细分市场的分众识别进行锁定，定向发布个性化信息，进行互动沟通，完成营销的推广活动。

在今天的数字化时代，信息的不对称被打破了，消费者的洞察力有了很大的提高，以消费者为导向的“一对一”营销将变得更为重要。由于手机可随身携带，能随时随地地把信息送达给接收人，可以产生一种密切、即时的效果，因而是一种真正个人化、互动交流导向的营销媒介。从理论上说，无线广告具有与一般网络广告相同的特点，比如有更好的交互作用、可测量和可跟踪特性等。而无线营销不仅仅是无线广告的应用那么简单，其范围要宽得多，是用新的方式与消费者建立联系。

2. 互动是无线营销的核心特点

什么是互动？互动就是参与，是人的参与，是人自由自在地参与。第五媒体时代下的无线营销中，人就是媒体。电视、广播等现代媒体的出现改变了人们的生活方式，但作为强制性的单向沟通体系，电视在很大程度上掌控着人们的休闲生活，人只是被动地接受着，成为媒介摆布的工具。网络技术的发展，使互动成为可能，媒体不再具有强制性，由普通的大众传播转变为分众传播、个众传播，个体具有了选择的自由。“人就是媒体”使得人成为主动的信息发布者，可以平等地与其他媒体进行交流沟通，可以接收、选择、删除、屏蔽、取消信息，人的个性得到了充分的释放和尊重，每个人都有自己的交流互动空间。所以，无线营销活动不是盲目的。正是由于个体的互动参与，使无线营销活动真正体现出了科技“以人为本”的理念。

手机作为第五媒体，还能够激发传统四大媒体的互动性，这对于无线营销来说是非常重要的。由于第五媒体可以跟报纸互动，跟电视互动，跟广播互动，跟几乎所有的平面传播媒介进行互动，所以无线营销的策划和实施可以达到四两拨千斤的市场效果。可以这样说，未来企业的营销策划如果没有“互动”性，那将是失败的营销策划。

三、无线营销不是短信群发

无线营销不是短信群发，而是基于定量的市场调研，深入研究目标消费者，全面制定营销战略，运用和整合多种营销手段，从而实现企业产品在市场上的营销目标。无线营销是整体解决方案。而短信群发只是众多无线营销的手段之一，是无线营销整体解决方案的一个环节。许多人误认为短信群发就是无线营销，这是完全错误的。当前，许多短信群发是在基于给陌生用户发送短信的前提下操作的，变成了一种强迫型的信息推介，这种行为对市场的危害很大。现在很多人都不相信短信，不敢轻易回复短信，这都是恶意的短信群发造成的。

1. 被滥用的短信群发

短信群发是一项出色的技术，在手机增值业务兴起之初，作为一种有效的宣传手段，短信群发发挥了速度快、受众面广、价格低廉的优势，这让 SP 在获得和充分利用群发资源上无所不用其极，终于使得这一技术资源过度开发、过度滥用。由于短信群发是强推给用户端的，这令用户非常反感，在效用上发生了负面、畸形的转变：用户因为频繁接收广告信息而引起强烈反感；用户的屏蔽、投诉使群发宣传效果弱化；用户因为业务陷阱信息而对群发信息失去信任感；用户因为接收一些不健康或者不明内情的信息，而影响了正常的工作和生活，使得不敢接收信息，而采用了极端的一律“删除”，使短信群发宣传失效；用户因上当受骗而投诉、向媒体曝光，逐渐形成对整个 SP 行业不利的市场环境和负面的社会影响。

用户对短信群发越来越敏感，短信给人的感觉已没有可信度，消费者的投诉日渐增多，引起了主管部门的重视。2004—2005 年，公安部、信产部、银监会等政府主管部门下发了一系列文件，要求下级各部门配合打击违法短信和垃圾短信；中国移动、中国联通，甚至包括中国电信和中国网通几大运营商也采取了相应的行动，出台了各种方便消费者取消短信定制服务的通道。随着国家对短信市场监管力度的加强，短信市场将会更加规范。

2．无线营销与短信群发的区别

无线营销具有合法性约束。无线营销活动是基于用户准入原则下进行的，即任何形式的手机广告信息是在用户允许的第一前提下实施的。同时更主要的是，无线营销是用户主动参与，而不是被动接受。无线营销是基于目标消费者的实际需求展开的，即无线营销首先要研究目标消费者的真正需求和消费行为，有针对性地开展“一对一”的沟通，而不是盲目的；是在建立有效的目标消费群数据库基础上实施的，通过设计有效的无线营销方案，把个性化信息实时地送达给真正需要的人。无线营销是企业基于市场竞争而展开的市场营销活动，短信群发只是无线营销中的一种手段。无线营销还包括彩信、彩铃、流媒体等等多种形式，是长期的企业市场行为，而不是短暂的和盲目的。

总之，行业应用是未来短信发展的主要方向，无线营销将是行业应用中最普遍的。短信群发必须与无线营销相结合才有合理的生存空间。企业应该把目光更多地转向媒体，以及和企业用户进行合作上来。合作的形式将会是运营商利用自身的网络和技术优势，为企业搭建起与用户直接沟通的桥梁，而自己更多地进行后台支撑的工作。

四、手机电子优惠券：3G 时代的终端拦截

终端是消费者完成终极购买行为的场所，通常是指以商场为主的卖场。凡是有终端的地方，就会有终端拦截的竞争。在中国市场上，销售终端主要有四种形态：专卖店、店中店、专区、专柜。但无论是何种形态的终端，传统上终端的内容都是紧紧围绕着企业产品销售网点的建设展开的，是单方面的市场竞争行为。相对于消费者来讲，传统的终端竞争还是较被动的，即终端要“等”消费者上门才可以进行销售活动，终端与消费者之间的相互认识还有一个时空上的障碍，即只有面对面时才会了解终端在卖什么，顾客想买什么。

无线营销则提供了一种新型的终端拦截方法，即利用第五媒体的移动终端与企业的销售终端互动，多层次地识别目标消费者，展开“一对一”的互动营销，精确地定向锁定，及时推送目标消费者需要的产品信息，有效地拉动销售终端的销售效率。手机作为第五媒体的移动终端，其各种成熟的增值服务技术可以为无线营销下的终端拦截提供强大的营销武器。

目前，国内手机二维码业务已经辐射到了超市、汽车、IT、旅游等多个行业应用领域，用户只要用手机对印刷在一些平面介质上的二维码扫描，就能通过手机上网获知相关信息，轻松获取电子优惠券、超市打折信息、电子门票等等。企业可以通过这种渠道向特定的目标客户群传递自己的商务信息，真正实现无线精准营销。

1．终端的互动拦截

消费者常常会有这样的行为：在去商场之前计划购买某一品牌的商品，但最终很可能购买的是另一个品牌的商品。这说明消费者被另一个品牌在终端拦截了。导致这种现象的因素通常有六种：POP 展示、减价、终端促销活动、终端展示、缺货情况、终端导购人员。这种在终端的瞬间品牌转换行为被称为脉动式购买，也称为非计划购买，即他们没有购买事先计划的商品，而是在到达终端时瞬间改变了原先的购买决策。无线营销的出现，使得终端拦截的策略和技巧出现了新的形式，同时也带来新一轮的终端竞争，怎样利用消费者手中的移动终端把他吸引到你的销售终端上来，这是一个新课题。

产品只有占据终端市场，在销售点上与顾客见面，才有可能被顾客购买。因此，销售工作的首要要求是：把产品摆到零售店的柜台上，让消费者看得到、买得到。

消费者的购买行为可分为计划性购买和冲动性购买。据日本卖场营销研究中心的研究表明，消费者计划好的购买行为，会受到销售现场各种因素如店内陈列、广告物等的影响而改变。企业做好终端销售，就可以刺激消费者随机购买。以往许多终端型企业对消费者特别是目标市场研究不够，更缺乏信息处理、数据反馈。而数据库营销下的无线营销可以使企业长期与目标者进行有效的“一对一”互动。无线营销的互动性使得消费者不仅可以与企业进行上行互动，还可以长期地与企业销售终端进行下行互动，利用手机电子优惠券这样的产品对消费者进行远程拦截，可大大增强消费者的终端目的性，不会轻易被其他品牌拦截。

目前，市场以消费者为主体的需求导向正在取代产品导向和销售导向。忽视消费者，不重视他们的意愿和需要，不注重同他们的沟通，只是一厢情愿地对他们进行广告灌输、概念启蒙，不可能是长期有效的方式。无线营销的“一对一”互动，可以使企业实时地了解消费者的需求，动态地跟踪消费者行为的变化，有针对性地制定销售策略，实施有效的终端活动来积极地吸引消费者，利用消费者的移动终端与企业的销售终端进行互动，达到终端拦截和反拦截的效果。

2. 终端的远程拦截

所谓终端的远程拦截，是指消费者通过手机电子优惠券这样的形式被吸引到终端消费，也可以说是利用手机电子优惠券在终端对消费者造成终端的“致命吸引”。

移盟传媒的CEO李杰强指出，商家要让消费者主动使用服务，优惠券是一个很好的切入点。每个人都希望得到优惠，随时随地可以用的优惠券极具吸引力。商家可以通过下载优惠券的形式进行终端吸引，找准客户。移盟传媒提出的全新的手机互动营销解决方案，联合运营商、商家、消费者建立了一个手机消费圈。移盟传媒建立的WAP网站为商家开辟专区，配套的终端机陈列在商店内。消费者可以使用手机登录网站或者发送信息下载二维码优惠券，在终端机上扫描打印出优惠券使用。这个过程不过十几秒钟。同样，各种会员卡、优惠卡、票据都可以二维码的形式下载保存到手机里，在终端机扫描确认即可。

3. 终端的定向拦截

除了利用第五媒体手机展开的远程终端拦截外，未来的营销也可能会出现这样的情形：一位潜在的顾客走进一家大型购物商城，她的手机上收到一条短信，是手机二维码电子优惠券，示意她商城的某个卖场终端正在进行一项促销活动，只要她参加活动就可以得到优惠。由于她刚好在现场，因此参与终端活动的机会大大增加了，企业产品从而实施了有效的终端拦截。这种无线营销下的终端拦截可以通过移动终端的定位技术和定向的小区广播得以实现。

4. 面临的主要挑战

当前以手机二维码电子优惠券为代表的无线精准营销应用，面临的主要挑战并不是技术问题，而是如何让企业主在他们现有的思维框架下，理解手机互动解决方案对其市场营销的意义及可执行的程度。这就要求解决方案供应商必须了解企业的市场营销需求，同时，在推介产品时淡化技术色彩，尽量用企业熟悉的语言去包装自己的方案，达到有效的沟通，唯有此才能事半功倍。另外，企业主还要提升品牌的知名度和美誉度，让消费者信得过。

5. 传播从终端开始，品牌在终端互动

传统的销售终端告诉我们，市场的竞争点在终端。传播从终端开始，是指对传统终端的包装与维护本身就是传播手段。无线营销的出现，使得手机终端与销售终端进行互动成为可能，传播从终端开始具有更广阔的施展空间，人们消费的内容仍然是衣食住行，但消费的方式却在深刻地变化。由于技术的进步，消费的形式成为一门艺术。第五媒体时代的无线营销，移动终端手机对消费的影响是深远的，企业必须熟练掌握第五媒体的应用特点，充分利用无线营销，消化吸收现代移动通信的普及应用技术，企业只有敏锐地捕捉现代科技对消费的影响，才能使企业在市场竞争中具有可持续性的竞争力。竞争的基本原则没有变，但竞争的手段在不断变化。在无线营销下，传播仍要从终端开始，品牌更要在终端互动。

五、无线营销原理：4I 模型

手机是中国普及度最高的信息化终端，正在改变着人们的生活，影响着人们的生活方式和消费行为。无线营销，就是企业如何在移动信息化时代开展营销活动。这就需要理解移动信息化社会的特点是什么，泛信息化时代的消费有何特征，人们在信息化社会是如何交流与沟通的，这样的交流与沟通对传统的营销方式方法造成了什么样的影响。

营销是一种思想方式、一种哲学，是对商业实践的总体视角，它定位于获知消费者自发表达的或被诱发出来的需要和欲望。探究营销理论的发展过程，也就是对竞争环境和消费方式变化的理解过程。

20 世纪 60 年代美国营销学学者密西根大学教授杰罗姆·麦肯锡提出了著名的 4P 营销组合策略，即产品（Product）、价格（Price）、渠道（Place）和宣传（Promotion）。但是 4P 理论没能把消费者的行为和态度变化作为思考市场营销战略的重点，使得这一理论不能完全适应市场的变化。4P 理论是一个静态的营销理论。

市场营销的“4P 模型”图

1990 年，美国学者劳特朋教授从消费者的角度出发，提出了与传统营销的 4P 理论相对应的 4C 理论，即消费者的需求与欲望（Consumer needs and wants）、消费者愿意付出的成本（Cost）、购买商品的便利性（Convenience）和沟通（Communication）。4C 理论的提出引起了营销传播界的极大反响，从而也成为后来整合营销传播的核心。但是 4C 理论没有体现既赢得客户又长期拥有客户关系的营销思想，这是 4C 理论需要解决的问题。

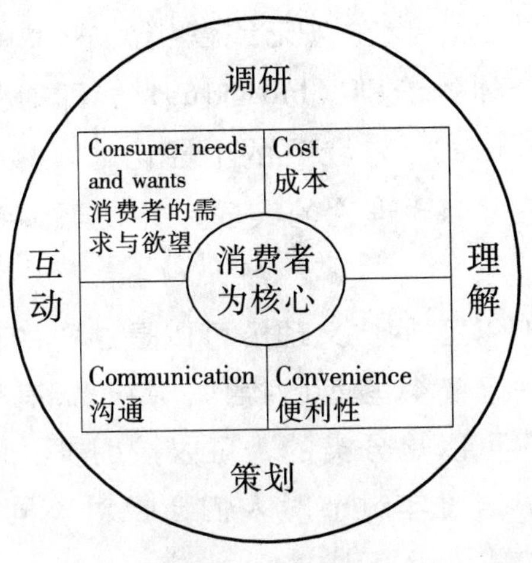

市场营销的"4C 模型"图

21 世纪初，《4R 营销》的作者艾略特·艾登伯格提出了 4R 营销理论。4R 理论以关系营销为核心，重在建立顾客忠诚度。它阐述了四个全新的营销组合要素：即关系（Relationship）、节省（Retrenchment）、关联（Relevancy）、报酬（Reward）。4R 理论强调企业与顾客在市场变化的动态中应建立长久互动的关系，以防止顾客流失，赢得长期而稳定的市场。但是 4R 的关系营销仍是"粗放型"的，远没达到"一对一"的"精细"化程度。

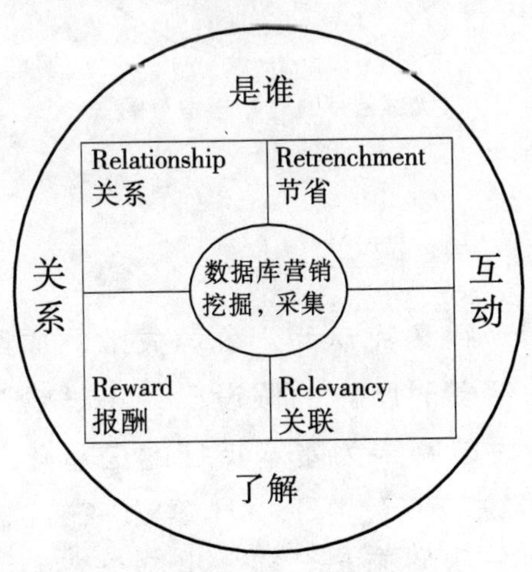

关系营销的"4R 模型"图

第五媒体的出现，"一对一"的无线营销模式对建立新型的顾客关系给出了全新的方式。我在《无线营销》一书中提出的无线营销“4I 模型”是指：个体的识别（Individual）、即时的信息（Instant）、互动的沟通（Interactive）、“我”的个性化（I）。可以看出，无线营销的实践极大地丰富了4R 理论的实质，并使得关系营销得以真正的大放光彩。

无线营销原理4I 模型的广义理解可以是这样的：实际上当前每个拥有手机的人都在进行着4I 模型的操作，每个拥有手机的人都会储存手机号码，这些号码可以是分类的，可以按朋友、同事、亲友等来分组，这就是分众。每当过年过节时人们会针对不同的人发送不同的、个性化的即时信息，并进行互动。

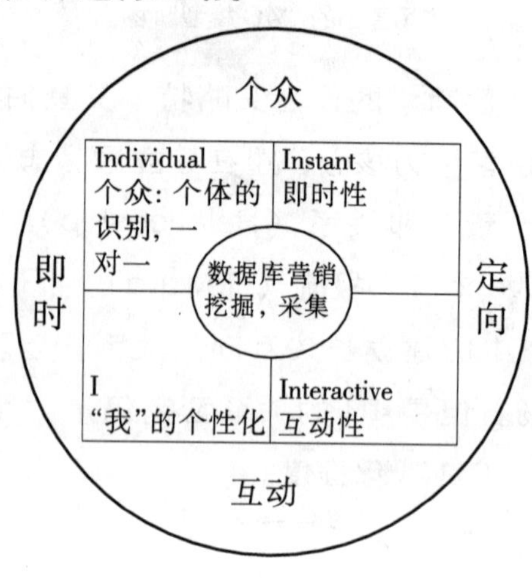

无线营销的“4I 模型”图

六、网络营销原理：4I 模型

管理学大师彼得·德鲁克认为，公司失败的原因是它们的商业理论过时了，公司过去经营时所做的假设已经不适合现在了。是的，在Web2.0 时代，或者说以网络为基本特征的信息化时代，传统营销理论将被彻底颠覆，传统的4P、4C、4R 理论将被“4I”理论所取代，网络营销模式对建立新型的顾客关系给出了全新的方式。创新的营销理论，也就是对竞争环境和消费方式变化的理解方式。不理解网络世界的本质，将无法展开有效的广告营销活动，以“互动”为核心的

Web2.0 时代的“4I 模型”内容如下：

第一个 I 是“Individual Gathering”：个体的聚集。

物以类聚，人以群分。博客、播客、威客、维客、换客、晒客、印客、闪客、淘客、测客……百“客”云集的互联网上，由于兴趣、爱好的驱使，形成了各式各样的“客”，它们所聚集的各类门户、垂直网站及形成的“社区”，其本质就是“分众”。虚拟社区的存在就是“个体的聚集”，从而形成“有共同目的”的“分众”，或者也可称为“个众”。这为利用第四媒体互联网展开定向传播、精准营销打下了客观的物质基础。

利用网络技术，通过对这些“分众”的追踪、采集和挖掘，形成了可为市场营销服务的数据库，数据库的本质是人，21 世纪的营销就是数据库营销。

第二个 I 是“Interactive Communication”：互动性。

百“客”互动，在网络时空形成巨大的信息流和数据流，互动就是参与，互动就是体验。电视、广播等现代媒体的出现改变了人们的生活方式，但作为强制性的单向沟通体系，电视在很大意义上掌控着人们的休闲生活，人只是被动地接受着，成为媒介摆布的工具。作为第四媒体的互联网，随着网络技术的发展，互动成为可能，媒体不再具有强制性，个体具有选择的自由，一切神圣还原为世俗。在 Web2.0 时代，我们既是“主”，也是“客”。

媒介就是信息。信息的不对称导致传播的外部环境是复杂并相互关联的，比如广告的发布者与接收者都是可以互动的，他们不是各自封闭的。信息传播的结构是耗散的，耗散结构是指在远离平衡的条件下，借助于外界的能量流、质量流和信息流而维持的一种空间或时间的有序结构，它随着外界的输入而不断地变化，并能进行自组织，导致体系本身的熵减少。互动就是耗散结构的耗散条件，并由此造成了网络信息传播的无序性和复杂性，这也是 Web2.0 时代的本质特征。

第三个 I 是“Inside”或“In”：柏拉图时空。

In 的意思是“进去了”，Inside 的含义是“在里面”。是的，网络世界正成为人们虚拟现实的“柏拉图时空”。互联网的普及使人们可以轻易地就“进去了”，并长时间地待“在里面”，网民与网络之间具有巨大的黏性。实际上网络互动社区时空里面“聚集的个众”，具有既不连续又不离散的“稠性”特征，这种“稠性”特征使得网络时空的不间断性得以充分体现，形成了“多维”的“破碎”空间。

第四个I是“I”：“我”的个性化。

个性化就是人性化。个性化是一个民族自信和社会文明进步的体现。网络上的个性化是通过互动体现出来的，它不仅指个性表达，还指个性需求、个性交流等等各种各样的个性化特征。网络虚拟时空，自我与网络发生断裂，自我的意义受到了挑战。除了自我，在网络中一切都可以流动，社会被区分为一个个片段，网络与自我成为对立的两极，人的主体性渐渐与现在的概念脱离，人的个性化得到释放，网络上的虚拟人大都有着多重的人格。社会角色一直受到物质世界的制约，处于它的监督之下。在大多数情况下，一个相对来说始终如一的自我就能在这种制约中顺利地生长发育。然而，去掉这些制约，将个人从物质世界中分离出来，自我就会失去控制，为所欲为。看看那些“网络红人”，这些变化了的自我，通过网上交往得以塑造，茁壮成长，并开始威胁他们原来的自我。这些多重的自我是“理想化的，令人啼笑皆非的，按统计学规律出现的”，而正是他们构筑了这丰富多彩的“柏拉图时空”。

在广告传播营销领域，所谓理论就是让市场营销的决策者在其决策过程中自己相信自己的一个理由。“4I模型”正是这样一个理由。

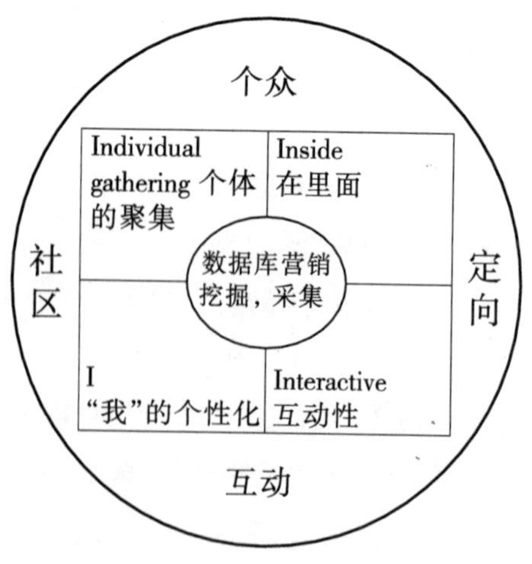

Web2.0营销的“4I模型”图

无论是无线网络营销还是互联网络营销，通过两个“4I 模型”的分析，我们可以看到，“互动”是两种网络营销共有的特点，无线营销强调“个体”的识别，互联网则强调“个体”的聚集，所以无线营销的对象是“个众”，网络营销的对象则更倾向于“分众”，所以网络营销过程中，以社区和圈子为特征的“群体”个性较明显，而无线互联网的“个体”个性较明显，但是无线互联网的“个体”也可以形成移动的圈子和社区，所以网络营销受众的群体“个性”着重于群体的爱好和品位，无线互联网的“个性”则直接代表着受众本身。网络上形形色色的组、群、社区和圈子使受众被划分在不同的时空“里面”，“在里面”意味着网络社区的黏度，黏度意味着分众的区隔和识别，而这是精准营销的基础。无线互联网的即时性代表着随时随地的全时空网络接触，这是区别于互联网的一个重要特点，也正是由于无线网络的即时性，在与互联网结合应用时，将有效地“量化”分众，提升互动的效率，使精准的百分比得到高效的提升。网络营销的所有这一切均是以数据库为核心基础的，数据库实质上就是“人”的统计，网络营销既是互联网营销，也是移动互联网营销，还是两种网络的结合，所以“人就是媒体！”在网络营销实践中是实实在在具体的。网络营销原理“4I 模型”是一个广义的网络营销模型，是审视网络营销的视角，是由表及里、拨开海量网络现象的本质，适用于所有网络上出现的各种“客”站，或者说每种“客”都具有“4I”的特点，这是网络营销的本质。网络营销开启了 21 世纪的营销新纪元，在网络社会，“4I 模型”无处不在！

七、网络时代的广告公司职能需重新定义

无线营销“4I”模型，其核心就是数据库营销，即：互动＋分众＋个性＋即时＝数据库营销。在泛 IT 时代的数字化生存环境中，广告公司的工作职能将发生相应的变化，通过手机媒体与传统媒体的互动，将即时采集到大量的消费数据信息，对这些数据的分析成为营销效果

和广告效果的第一手资料。同时企业的市场营销活动策划本身要把无线营销手段纳入到广告策划活动中来，这使得传统的营销广告手段在运用了新媒体手段之后发生了形式上的变化，但要强调的是，无线营销仍是传统营销手段在手机媒体上的应用。所以，传统的营销服务部门职能在延续传统的功能之外，还要体现出无线时代的数字化特征，传统的策划部门和职能将发生改变：由首席信息官（CIO）、首席技术官（CTO）、首席运营官（COO）、首席数据官（CDO）组成“数据库精准营销”核心运营团队，形成数据采集、数据挖掘、数据分析、精准营销、量化监测的整套服务体系。

首席信息官（CIO）：广告客户需要的是有效的数据，及对有效数据的判断和数据运用的效果。对信息的综合运用和判断非常重要，首席信息官实质上是营销战略的制定者和规划者。网络时代是信息爆炸时代，大量的信息充斥着我们的生活，商业活动离不开信息，企业的营销战略与数据库营销息息相关，对信息的准确把握和判断成为理解市场变化的重要能力，这种能力不仅体现在信息官本身，更应体现企业自身的信息文化和信息素质。

首席技术官（CTO）：在无线广告服务过程中，技术已不单纯是提供网络电脑稳定维护支持，而是要随时在各项活动策划过程中，通过有效的、合适的技术手段配合数据营销活动，通过配合各个阶段的广告活动，如手机网站的打造、更改、变换、活动信息的补充等等，随时利用技术手段进行配合，技术已从后台走向前台，并参与到活动策划中来。

首席运营官（COO）：数据运营包括很多方面，在网络营销实战中，采集的大量数据为数据运营打下了坚实的基础。

首席数据官（CDO）：通过参与营销战略规划，利用网络和无线手段把与消费者沟通的触点布局在广告运动的各种宣传物料中，形成广泛的与消费者互动的触动点，建立目标消费群的数据采集通道。首席数据官管理，包括数据库采集、数据挖掘、数据清洗、数据分析等等不同的职能定位。由不同的互动触点采集到大量的数据，被采集后的数据经过数据挖掘，提炼出有效的数据。由于无线互联网的存在，使得数据采集可以实时进行，同时数据也要经过日日清洗和更新，开展精准营销。首席数据官可以配置数据挖掘官、数据清洗官、数据日清官等岗位。

八、网络传播的效果必须与销量挂钩

在广告主的潜意识里面，所有的广告都是与销售挂钩的，所有的广告形式都是为了吸引消费者拉动销售的。虽然广告主很难对传播进行量化，但他可以对销售量化。不论你愿意不愿意，他都会把量化的销售结果与广告挂钩，来衡量广告的投放产出比。在广告主的观念中，传播效果就是销售效果！但从来就没有广告传播服务提供商敢承诺其所提供的传播服务可以与销售直接挂钩，在传统的传播环境中，这种承诺既不切实际也很危险。目前，网络传播的效果主要以点击率和转化率等指标来体现，网络传播的定量化趋势越来越强，网络上的数据采集轻而易举，数据也从来没有像现在这样庞大而巨量。网络传播的定量化所带来的好处是：网络传播服务提供商可以提供“无懈可击”的数据论证传播效果，而这也让广告主们更加关心如何把传播效果与销售效果挂钩，无论是点击率也好，浏览量也好，既要信赖数学，也要怀疑数据，对于广告主来说，传播的数据再漂亮，也没有销售数据来得实在和真实。

到底网络广告传播的效果能否真正与销售直接挂钩呢？如果能，那是为什么？要回答这个问题，首先要搞清楚电子商务与网络营销，这里面有几个关键词，一个是“渠道”“终端”，另一个是“媒体”。在传统的商业理念中，渠道是渠道，媒体是媒体，销售终端不能承担媒体的功能，反过来报纸也绝不承担渠道的功能。在电子商务的语境里，网络本身就是销售渠道或销售终端，由于网络本身就可以支付和交割，所以把网络定义为“渠道”和“终端”的电子商务做得风生水起，这时的网络被看作是销售“平台”，网络本身是可以直接实现销售的通道。

然而，网络的另一个信息展示的性质也是其天然固有的，所以网络的“媒体”性是网络之于渠道和终端的另一个重要特性。网络作为新媒体的代表，可以把“渠道”与“媒体”合二为一。网络这种新媒体的特性从本质上颠覆了传统媒体的功能。现在，无论是互联网，还是移动互联网，它们本身既是媒体又是渠道。受众通过网络了解和获取信息，同样通过网络订购与信息相关的产品。阿里巴巴的淘宝网，既是电子商务平台，也是网络广告媒体。

所以，在网络传播的过程中，网络可以充当“媒体兼渠道”的双重角色，网络广告可以把电子商务和网络营销合二为一，流量可以转化成销量，真正实现广告与销售直接挂钩。在网络营销中，无论是互联网还是移动互联网，其营销实践的核心是“数据库营销”，网络广告与销售直接挂钩是“精准营销”的结果，而这就是网络营销的未来之路。

九、巨大的误区：“垃圾短信”使“精准营销”变成“精准骚扰”

“垃圾短信”人人喊打，但是“短信”“垃圾短信”“短信群发”具有完全不同的含义。在中国信息化高速发展的今天，移动信息化是应用最广泛的，解决了中国信息高速公路的“最后一公里”的问题。而在移动信息化过程中，表现最突出的是“短信”，中国独有的“短信文化”让世人瞩目。治理“垃圾短信”刻不容缓，但要防止矫枉过正，这是一个全社会的问题。在此，我们从移动信息化行业应用的角度分析，为何“短信群发”这一杰出的技术没能得到正确的使用，从无线营销的商业理念来看，当前的无线增值行业在构建商业模式的思维上存在巨大的误区。

1.“垃圾短信”使“精准营销”变成“精准骚扰”

许多人认为短信群发就是无线营销，这是完全错误的。当前，许多短信群发是基于给陌生用户发送短信的前提下操作的，短信群发成了一种强迫型的信息推介。把短信群发直接当成"精准营销"是基于这样的商业理念：手机号码代表着每个真实的消费者，只要有大量的手机号码，然后通过分类，划分性别、收入等属性，就可以假想被"分类"的消费者就是目标用户了，就可以通过群发实现"精准营销"。毫无疑问，以这种思维实现的短信群发是建立在骚扰基础上的，因为无论怎样分类，这些被分类的用户仍是"陌生"的。100%的短信群发，如果有50%的效果，就实现了50%的"精准营销"，但另外的50%就是"精准骚扰"；如果短信群发是在100%的允许前提下，就是真正的"精准营销"。然而，无人理会"用户准许"这一基本原则，所以，当前的许多短信群发虽然有效果，但是是建立在骚扰基础上的，是一种"杀鸡取卵"的赢利模式，甚至是违法的。先不谈对个人信息的侵犯以及监管的缺失，仅从商业模式的角度来看，为什么有大量的无线领域的企业对"用户准许"这一基本前提无动于衷呢？这要从数据库营销谈起。

2. 谁拥有数据库比有多少数据库更重要

21世纪的营销就是数据库营销。更进一步说，21世纪的营销是移动数据库营销。但是，是"谁"拥有数据库将决定着商业模式的生命力。当前，许多从事无线领域的企业把自己拥有数据库作为最大的优势，这是一个巨大的误区。营销的问题是以企业为主观视角来看待的，是企业自身营销框架的问题。企业只有在其营销框架内拥有自己的数据库，对企业实现的市场营销才是真正有意义的。以短信为代表的无线营销方式，实际上是帮助企业建立自己的移动营销数据库的有力手段。从长远看，无线企业拥有的数据库应是为企业提供"数据库托管"服务的数据库管理平台。实际上，对于数据库的运用，只有企业根据自己的市场采集到的数据库才是有意义的数据库，而当前许多SP认为只要拥有大量的数据库就可以开展无线广告和无线营销，这是不正确的，同时以此为指导思想开发出的无线广告产品也很难获得长久的成功。定位为无线广告和无线营销服务的公司应把协助企业建立自己的数据库作为己任，扎扎实实地帮助企业分析他们的目标受众，有针对性地提出解决方案，只有这样才能找到真正意义上的赢利模式。对于“谁拥有数据库”认识得越深刻，无线营销的商业模式才会越成功，越有生命力。

3. 单纯的短信群发是基于传统广告媒体的投放思维

一提到媒体，人们就会想到广告投放，这是一种惯性思维。手机的特点，它既是媒体，又不是媒体。短信群发被广泛应用，从某种意义上讲，也是“媒体投放”思维下的产物。粗暴无礼的“垃圾短信”就是在这种思维下大行其道的，许多企业也被误导了。“垃圾短信”是很多有素质的人干的没有素质的事。

虽然手机是一个真正的超级媒体、万能终端，但其最大的特点是互动性，第五媒体是“以互动传播为应用”的大众媒体，如果是以“互动传播为应用”的，它就不是以“投放为应用”的媒体，而“互动应用”的本质是无线营销的解决方案，单纯的短信群发只能是解决方案中的一个步骤、一个环节。所以，“几乎所有的传统和新型的媒介都可以利用第五媒体的互动性创造出新的传播价值，第五媒体是媒体整合的超级引擎。更引人瞩目的是，第五媒体的互动性，激发出了所有传统媒体的互动性，使传统媒体原有的优势更强，而不是削弱了，更不要说取代它了”。

4. 手机媒体替代传统媒体的思维既无知又危险

我曾参加过一家无线广告企业的产品发布会，会议一开始，演讲者就以一家国际4A广告集团总裁的言论“手机电视将取代电视”为开端，滔滔不绝。坐在下面的传统广告代理公司的代表面无表情，无动于衷。试想，这些手握千万媒体投放资金、靠媒介佣金提成的代理商，怎么会轻易地相信这种耸人听闻的言论，即使这是真的，站在他们的角度也不会轻易让它实现。

出现这种言论是不奇怪的，奇怪的是许多从事无线广告的企业居然相信了。实际上在相当长的一段时间内，许多无线广告企业在产品推介部分，都会有一个手机媒体与传统媒体传播价值的比较，其潜台词是手机媒体的优势无可比拟，而这种优势的核心就是通过各种方式取得的数据库。在许多无线行业的企业中，其潜意识是“手机媒体会取代传统媒体”的设想，这种认识会使移动的行业应用受到人为的阻碍。

确实，近两年，以第四媒体互联网为代表的新媒介确实分流了传统媒体的广告发布量，但这只是暂时的。因为当传统媒体运用了新的技术，传统媒体也将变身为新媒体，也将会拥有新媒体所拥有的特点，三网合一后，网络技术将使传统的第三媒体电视在内容和收看体验上发生翻天覆地的变化。再如，传统媒体在网络在线媒体的延伸、在移动增值手机报等形式的延伸就是趋势，虽然手机媒体在表现形式上可以具有所有传统媒体的特点，但并不能完全取代传统媒体的阅读体验方式。

另外，对于企业来讲，传统媒体是必须使用的营销手段。在中国，站在广告主的角度，永远不会放弃对传统媒体的使用，如果无线媒体不断地有意无意地向企业诉求可以取代其他媒体，这是极其危险的。因为企业根本就不会相信，反而会首先抛弃你。对于广告主来讲，没有谁取代谁，只有合适不合适。各种媒介均有自己的特点，一种媒介要轻易地完全取代另一种媒介是不可能的，事实也正是如此。

当前的无线广告企业既低估了广告营销界对媒体的认知能力，也低估了他们的营销理论水平，这会使手机增值服务的行业应用和推广付出大量的时间成本。

5. 无线营销的“推”与“拉”缺一不可

无线营销是在制定有效的目标消费群数据库基础上实施的，无线营销具有合法性约束。这是指无线营销的活动是基于用户准入的原则下进行的，即任何形式的手机广告信息是在用户允许的第一前提下实施的，用户允许意味着用户自己的主动参与，而不是被动的。也就是说，不仅是通过“推”，还要通过“拉”来实现目标消费者的真正需求和消费行为，有针对性地开展“一对一”的沟通。

在传统的营销理论中，“推”与“拉”是两个具有丰富内涵的营销理念，最早的4P理论就是以企业为核心的“推”的理论，“推”的观念也是“销售观念”。“推”的观念认为，推动销售就是经销商、终端推广产品，主动推销给消费者。“拉”是“营销观念”，市场营销观念认为，实现企业各项目标的关键，在于正确确定目标市场的需要和欲望，并且比竞争者更有效地传送目标市场所期望的物品或服务，进而比竞争者更有效地满足目标市场的需要和欲望。“推”的销售观念和“拉”的市场营销观念的区别在于：“推”的观念注重卖方需要；市场营销观念则注重买方需要。“推”的观念以卖主需要为出发点，考虑如何把产品变成现金；而“拉”的观念则考虑如何通过吸引消费者来满足顾客的需要。“拉”就是通过广告、促销让消费者认知，吸引消费者主动购买。

短信群发只是“推”没有“拉”。无线产品的概念“WAP PUSH”就是典型的“推”。为什么无线广告商只注重“推”而忽视“拉”呢？其中的一个重要原因，“拉”是必须与传统媒体相结合的，因为“拉”的过程是一个整合传播的过程，是一个媒体整合的过程，但无线行业的那种“取代传统媒体”的潜意识思维人为地阻碍了向这方面的努力。另外，广告主最重视通过媒介组合进行“拉”的市场营销活动，短信群发由于只有“推”没有“拉”，在广告主的营销框架中是个“瘸子”，这是许多无线广告商在与广告主接触过程中被嗤之以鼻地认定为“无线营销就是短信群发而已”的原因之一。

真实的情形是，手机媒体是“拉”营销最有效的武器，因为“互动”性就是“拉动”性，“超级女声”之于蒙牛牛奶就是典型的例子。我们应充分利用手机的互动性，而不仅仅是群发功能。

6. 市场营销没有高深的理论，只有深刻的理解

无线营销并不是企业市场营销的全部，只是企业营销框架内的一种手段，想当然地认为通过无线手段可以解决企业所有的市场问题是天真和不现实的。近两年，我一直通过理论的形式向传统行业和企业介绍无线营销给传统营销手段带来的变革，呼吁传统媒体向新媒体学习，接受新的无线营销手段。在这一过程中我发现，无线新媒体领域向传统媒体和营销领域要学习的内容也是非常多的，我所传递的信息主要是面向广告主和企业的，却在无线领域产生回响，这说明无线领域发展太快、太新，为适应这种应用现状需要合适的商业理论来审视行业的发展。无线行业最大的特点之一是行业间的融合，是知识的融合、经验的融合、理论的融合。尽管如此，市场营销的一些基本原则是不会变的，且万变不离其宗。市场营销没有高深的理论，只有深刻的理解。

7. 任何赢利模式必须遵循正确的商业理念

从本质上说，市场营销观念是一种以顾客需要和欲望为导向的哲学，是消费者主权论在企业市场营销管理中的体现，“顾客就是上帝”是企业用血汗换来的商业智慧和真谛，所有市场营销理论的核心与基石是对消费者的“尊重”而不是相反，无数的“企业先烈”已经证明了在市场经营活动中的这一“真理”，无线营销领域也不会例外。

案 例

比技术更懂广告、比广告更懂技术

21 世纪的营销是数据库营销，无线营销的本质和核心是数据库营销。APP 的诞生，将无线营销带入了一个全新的时代。APP 是 Application 的缩写，应用程序 Application Program 的简称。由于 iPhone 智能手机的流行，现在的 APP 多指第三方智能手机的应用程序。目前比较著名的 APP 商店有 Apple 的 iTunes 商店里面的 App Store，android 的 Google Market，诺基亚的 ovi store。其实 APP 真正在国内倍受关注还是在此刻，各大无线营销服务公司大多将 APP 作为 2011 年度战略重点，由此可见 APP 受欢迎的程度。也正因此，基于手机客户端的 APP 应用技术、功能有了更多的突破性变革，更加凸显了手机“万能终端”的特点，将深刻影响市场营销的管理革命。

1. EAGLE 无线广告发布与监测平台

2011 年年初，笔者应邀参与哲力广告面向广州知名品牌广告主的手机媒体推介活动。作为一家“比技术更懂广告、比广告更懂技术”的复合型广告公司，哲力广告拥有专业的无线技术研发背景和众多企业组成的品牌会员联盟。以此为优势，哲力广告为众多百万级的品牌会员提供会员短彩信杂志运营服务；为企业提供不同品牌、不同领域间的跨界营销推广；通过“亿邮数据库”精准推广，帮助品牌快速寻找到真正的潜在客户；通过EAGLE无线广告发布与监测平台，为品牌提供全面的数据库营销管理功能。哲力广告代理过手机媒体12580生活播报，更是多家4A广告公司的无线服务供应商。

哲力广告为知名品牌宝洁、美的、创维、娃哈哈、三星等企业提供的基于手机客户端软件构造的EAGLE平台应用解决方案，引起了众多广告主的浓厚兴趣。EAGLE平台应用解决方案是以数据库为核心的，利用手机移动终端客户端软件，通过移动数据库的采集、挖掘、管理，实现对营销广告活动推广过程和效果的追踪、监测、评估、优化等定量化管理的解决方案。

EAGLE 无线广告发布与监测平台功能界面

通过手机客户端软件实现全面的营销管理功能，这在过去或许是件不大可能的事情。通常企业耗费巨资组建的ERP、SAP、会员系统，却常常不能保证第一时间与万变的市场实时同步，当然也就失去了基于市场、客观决策的立足基础。更重要的是，各种系统仅能满足独立领域的功能应用，在 CRM 系统里管理组织架构，在推广系统里评估效果，在会员管理软件中管理会员，由于数据库之间缺乏即时的数据互通，因此无法站在全局营销管理的角度得出科学的决策依据。EAGLE 无线广告发布与监测平台，正是为解决以上问题而生的。

2. 通过数据库引擎实现专业的营销管理推广

某跨国知名品牌，世界最大的日用消费品公司之一，在全球 80 多个国家设有工厂及分公司，所经营的 300 多个品牌的产品畅销 160 多个国家和地区，包括洗发、护发、护肤用品、化妆品、婴儿护理产品、妇女卫生用品、医药、食品、饮料、织物、家居护理及个人清洁用品。由于旗下有很多子品牌，每个子品牌又有很多代理商，总部通过代理商专员管理代理商每天的订单和需求情况，代理商专员每天在 SAP 系统里面取得代理商市场数据，然后进行确认和回访。耗费大量人力物力的同时，并没有形成多平台的统一管理机制，更无法对代理商的推广成本有效评估。

根据这一需求，哲力公司提供基于手机客户端的解决方案，使用 EAGLE 无线广告发布与监测平台，总部从 SAP 提取的数据就可以自动导入 EAGLE 数据库，进行代理商订单确认，最终实现为所有的业务体系提供数据基础，形成和代理商之间的有效沟通平台，并实现了内容的统一管理。企业管理者可以随时随地通过手机实现对营销活动推广效果的追踪、监测、评估和优化，

在实际推广执行管理中，总公司和分公司常常出现执行进度不统一、执行效果难考量等现实问题，EAGLE 的“单一平台、多手机客户端”操作功能却能很好地解决这一问题。EAGLE 可以同一平台解决不同区域的推广管理问题，EAGLE 手机客户端，连接企业的 CRM、SAP、会员等数据库资源，让全国各地的分公司和总公司能够实现随时随地的推广执行进度统一，并可提前设定推广目标、推广计划、推广负责人、推广平台整合、推广应急预案，总部可以实时了解最新的推广进度，并对推广策略进行修正。

3. 通过互动引擎实现完善的会员运营管理

千色店——都市女性生活精品专业连锁店。经营的国际及国内知

名品牌已达五百多种，香氛、护肤、彩妆、日用、手袋、饰品、内衣、化妆工具等八大优质品类共汇集了两万多种产品。目前拥有门店100多家，会员60万。以前要成为千色店的会员，顾客需要先填表格，被总部统一收集后，由专员录入系统，激活，会员卡才能使用。这样客户填写的手机号码是否正确和是否正常使用均未得到确认，因此存在部分会员资料失实的情况。

针对这一营销管理需求，哲力为千色店制定了EAGLE无线广告发布与监测平台应用解决方案。通过EAGLE的互动引擎简化验证程序，会员可以随时随地通过手机展开同企业的实时互动，会员数据库同步对会员积分做修改，顾客拿到会员卡后，只需编辑短信把“卡号+姓名+生日”发送到互动平台，互动引擎马上激活会员卡，同时验证并记录会员联系方式，最终令会员能更方便地用手机参与品牌促销互动，同步实现会员数据库的数据更新。

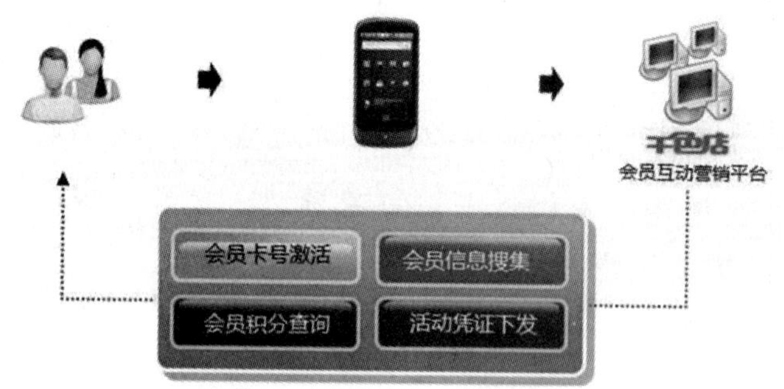

4. 实现对手机媒体无线广告的监测及效果评估

手机媒体时代，广告效果不需要第三方监测。利用EAGLE无线广告发布与监测平台，可以建立对任何媒介投放组合的广告投放、发布、效果监测，帮助广告主建立自己的广告效果监测平台，可以对第三方监测进行监测。

通过EAGLE无线广告发布与监测平台，企业促销负责人可以随时随地通过手机实现检核推广目标、核算推广成本、查阅投入产出走势。广东美的集团将EAGLE推广及监测引擎应用在春节促销活动中，取得了良好的效果。

美的制冷家电集团隶属于广东美的集团，是国内白电规模最大、实力最雄厚的大型产业集团之一，拥有美的、荣事达、华凌、小天鹅等多个品牌。为了配合春节期间的品牌推广，在互联网和手机媒体两个领域同步发起了“美的时刻，传递美的祝福”病毒传播互动推广活动。解决方案依托 12580 生活播报手机杂志、WEB、WAP 互动专区，展开了在全国范围内的推广，并充分应用手机互动、个性化订制、免费分享等创意，吸引用户自发进行传播。15 天推广期，成功吸引 18462 名用户自发传播节日祝福及活动信息，为美的集团新年传统媒体的推广起到了良好的配合效果。

EAGLE 最具特色的价值在于以贯穿营销推广的全程为主线（推广筹备期、推广执行初期、推广执行中后期、推广结束期等几个阶段），针对不同阶段提供不同的解决方案，最终实现对营销推广效果的追踪、监测、评估和优化。

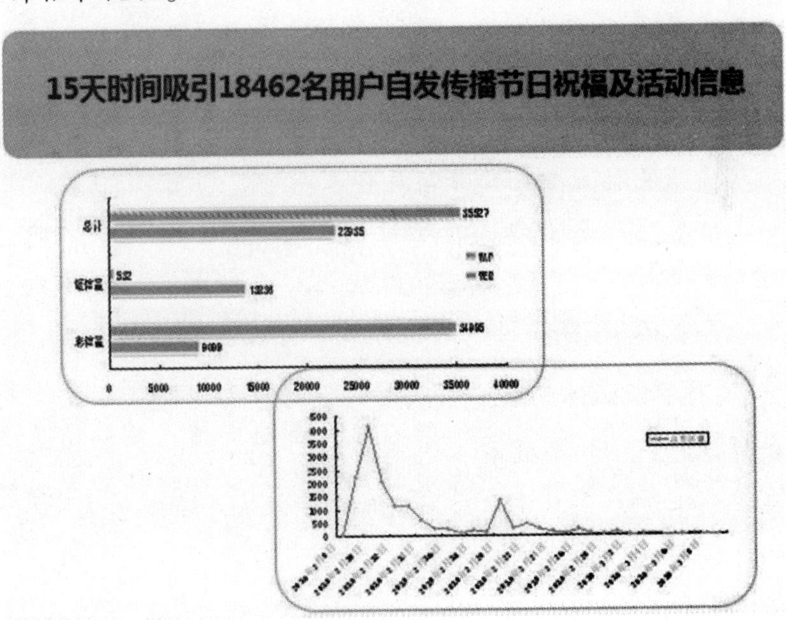

5. 让广告效果明明白白看得见

在无线营销推广执行初期，主要目的是无线营销互动功能的灵活应用。回到推广的本原，品牌和销量如何兼得？如何能让准客户动起来？EAGLE 是兼顾品牌和销量的最佳推广解决方案，通过 EAGLE 的短彩信、互动、WAP 等引擎灵活应用，可以实现单一（多）推广途径的效果深化，突破以往“只可欣赏难以提升销量”的推广模式；最终在实现品牌认知度提升的同时，吸引更多准客户参与互动；更重要的是，EAGLE 后台可即时捕获这些准客户信息，并在第一时间将其转化到终端卖场、网上商城、电话坐席，最终转化为真正的销量提升。在推广执行中后期，主要的目的是追踪、监测推广反馈。以往营销推广效果的反馈，大多需要分公司人工采集后再统一上传，而总公司再结合不同的推广类型进行统一汇总，归纳分析，结果既耗费了大量的人力、物力，效果也难以科学量化。EAGLE 实现了对终端反馈和准客户的即时搜集。

终端反馈搜集：只需市场督导将各地第一手的推广反馈（文字、拍照、报表）通过手机上传，EAGLE 即可通过对不同数据库信息的同步采集、实时传输功能，定期将信息定期传递到企业营销负责人的手机上，真正实现了“无缝终端反馈”的推广效果监控。

潜在客户搜集：一旦有准客户主动反馈，EAGLE 即可自动传递品牌 DM 专刊，同时自动记录、传输至分类数据库，生成互动反馈对比表，并定期将结果发送给企业营销负责人。

在推广结束后，主要的目的是对效果的评估和优化。不同的推广途径如何考量投入产出比？如何加以优化？以往更多的是用经验来判断和解决，而 EAGLE 能让投入产出比更加量化。推广结束后，EAGLE 会自动将结果同推广目标进行比照，并通过对不同时期、不同推广形式所产生互动量的对比，综合目标检核、互动反馈、同期销量三方面的数据，最终对推广效果得出客观的评价，并定期将结果发送给企业营销负责人。

第六章　无线广告的形式就是内容

一、无线广告的形式就是内容

在文化和艺术领域里，很多时候，我们说内容决定形式；但在另一方面，我们又可以反过来说，形式就是内容。在众多领域里，内容的真理性和扎实性，主要基于内容证明其自身与形式是统一的。所以在第五媒体时代，“内容为王”也是“形式为王”。

当我们对周围的环境和事物非常熟悉时，也就是指我们对于事物的存在形式非常熟悉，这时我们对事物的认知就是内容决定形式、内容在形式之内，或者说人们只关注内容。当事物的出现是以新鲜的形式出现时，就打破了人们已经熟悉的认知形式，这时形式就决定了内容，或者说形式就是内容本身。所以是形式决定内容还是内容决定形式，取决于人们对事物的感知是新鲜的还是熟悉的。

在移动信息化时代，无线增值业务带来的技术进步，使得很多人们熟悉的内容以全新的形式出现，如短信、彩铃、彩信、声讯、流媒体等独特的形式，使得内容也变得独特，这时形式决定内容，形式就是内容。

技术的进步突出了形式之于内容的表现，社会的发展也凸显了内容之于形式的表达。在消费社会中，人们更寻求新奇的形式来表达已熟悉的内容，新的形式使得熟悉的东西变得新鲜。

在当下的中国营销环境，正是由于媒介的“破碎化”使得企业对信息传播方式的创新更为关注。媒介创新是中国企业一个永恒的主题，所以媒介创新就是营销创新，媒介创新比广告创意更重要。

媒介的创新实际上是媒介形式的创新，各种媒介形式是媒介“破碎化”的外在表现。媒介传递的信息内容可以一样，但如果形式不一样，传播的效果也将不一样，受众的传播体验也会完全不同，媒介的形式决定着信息的解读方式。

无线广告的形式可以变化出无穷无尽的表现手法。无线广告的形式本身就是内容，是指人们对传统广告发布形式的熟悉以及内容的同质化，使得人们寻找全新的内容表现形式，形式本身就必然会成为高于内容的认知了。移动信息化时代的无线增值业务技术，为这种内容的表现方法提供了全新的形式。无线广告的彩铃形式是新鲜的，内容是人们熟悉的音乐；无线广告的彩信形式是新鲜的，内容是人们熟悉的平面设计或动漫；无线广告的流媒体形式是新鲜的，内容是人们熟悉的影视片，等等。在长期的消费者实践当中，理性积淀在感性中，内容积淀在形式中。人们对媒介的视听体验受到媒介形式的影响，媒介的形式就是内容。

二、SP 所有的增值服务项目均是无线广告应用形式

无线广告的应用基础基于第五媒体的应用。第五媒体的应用主要分为两大部分。第一部分是个人应用，也就是我们所熟悉的个人娱乐应用，如彩铃、彩信、短信、手机报、手机电视、手机音乐、手机游戏、手机博客等，这些极大地丰富了人们的视听体验，同时正深刻地影响着人们的消费行为，说明中国社会正大踏步地迈向移动信息化时代。第五媒体个人应用的繁荣，为其行业应用打下了坚实的基础。第二部分即行业应用，又分为移动政务、移动商务和无线营销（移动营销），其中无线营销涉及面更广泛一些。无线营销所谈的就是如何在移动信息化这个大背景下开展企业的营销活动，其具体的应用形式是通过基于第五媒体的无线广告形式实现的。

从理论上说，第五媒体的手机在作为传播媒介时，可以通过利用庞大的数据库资源，对目标人群进行分众处理，通过无线广告形式向

他们定向地传递个性化信息，并达到与分众目标进行即时互动的广告和营销目的。而无线广告的应用形式则可以看成是手机上所有的增值服务的内容。

“无线广告的形式就是内容”，这句话强调的是基于第五媒体上的各种无线增值服务的形式已经超越了内容本身，对形式的认知高于对内容的认知，对形式的熟悉高于对内容的熟悉，对内容的形式追求成为创新的新动力、新手段。第五媒体上的无线广告提供了广阔的应用前景，几乎所有以第五媒体手机为平台的传播形式均可以成为无线广告发布的形式。SP 所有的增值服务项目均是无线广告应用形式，无线广告的形式具有无穷无尽的表现方式。当以媒介化思维看待手机的增值服务时，“形式就是内容”顺理成章，所以，“形式就是内容”是很现实的。

三、手机报：最具潜力的无线广告应用形式

1. 什么是手机报

手机报是传统报业资源与移动通信技术结合，将平面报纸的资讯内容复制后，通过彩信、WAP、短信等技术手段发送到读者手机终端，因为手机屏幕、容量的限制，一般是将报纸每天相对重要的内容提取出来进行编辑发布。与传统媒体相比，手机报具有受众资源丰富、信息传播方便、传播功能全面、传播速度快、实时互动等特点。目前手机报业务已经延伸到杂志，各种手机杂志也陆续出现。

随着手机报的影响力日益扩大，越来越多的用户尝试使用这一新兴业务，传统平面媒体的简单电子版手机报的弊端逐渐显现出来，简单电子翻版的方式已无法满足需求。手机报应该依托报业集团强大的品牌力量、资源优势、采编团队，逐步形成自有的采编机制，建立丰富、强大的分类资讯库，为用户量身定做个性化的资讯组合，借助手机传播具有个性、定向的特点，实现手机报的个性化发行、精确发行。

一个成熟、高效的业务运营模型是手机报后台的关键，这一核心模型包括三个主要模块：信息采编模块、用户分析模块、信息发送模

块。通过信息采编模块，采编人员对每天的内容进行汇总分类，建立强大的分类资讯库；通过用户分析模块，业务运营人员对用户进行有效的行为分析、喜好分析，对用户进行细分；在信息发送模块，系统按照用户分析模型的分析结果，对分类资讯内容进行组合封装，发送到用户手机上。

2. 手机报是人们主动订阅的

由于手机报是人们主动订阅的，所以手机报中的无线广告也是人们“主动”看到的，是“拉”，不是“推”。虽然无线广告的形式可以通过移动增值服务的所有产品来表现，并且每个单一的增值服务产品均可承载广告信息的传递，但是要强调的是，无线广告的应用绝不是孤立的，它必须与传统广告营销手段相结合才能真正发挥出潜在的威力。

3. 手机报使手机的第五媒体特征更显著

手机报的出现，本身就说明了手机的媒体化功能。手机报概念的导入，有助于培养人们对于手机媒体的互动适应性。任何一种应用体验都需要时间来培养，这一过程也是应用市场的培育过程。随着手机报这种应用形式的不断完善和发展，必然会发展出能充分体现第五媒体的分众、定向、互动、即时特点的应用形式，所以像手机音乐、手机电子邮件、手机短信、手机博客、手机游戏等新的应用形式，很难说孰优孰劣，因为第五媒体是“分众”媒体，每种应用形式，都有相应的适应人群，同时任何一种应用形式的出现，也会随着人们体验的深入，不断地进行改变和调整，因为这一市场还没有形成一个完全标准化的应用形式。

四、手机媒体上的“精彩台湾”：台湾大发现手机报

如果您是中国移动用户，只要拿出手机编辑短信 2 发送到 1066 8888 60（四川、新疆地区暂不支持），就可以订阅《台湾大发现手机报》！

《台湾大发现手机报》是中国内地首个台湾综合信息媒体手机报，内容含括旅游、新闻、娱乐等资讯，由全球最大华人网站新浪网及全球最大拥有 8.4 亿用户的移动运营商及台湾大发现平台共同经营的项

目，台湾大发现是两岸首个跨媒体、跨地域的台湾综合资讯平台。台湾大发现以特有的手机报、网站、广播、微博、展览、内地台商、哈台粉丝等资源，和在内地全国的各大主流媒体、门户网站、社群网站、电子商务、商城、微博，及各省的地方报纸、电台、户外、电梯、交通媒体、新媒体等资源，帮助客户进行沟通。同时，也为内地众多媒体和专业机构所依靠和信赖的台湾新闻来源。（台湾大发现官网：www. 台湾大发现 . com；www. biz886. com）

《台湾大发现手机报》由台湾人郑廉诚先生以“爱台湾，让世界看到台湾”为初衷创办发起，由上海互动电子商务有限公司运营。《台湾大发现手机报》经过一段时间的运营，迅速覆盖了中国全国 22 省、4 个直辖市、5 个自治区，发行规模近 500 万份，这个发行规模超过了台湾威宝电信的发行量，形成了独具特色的“空姐 + 六师”高级知识分子读者人群，其中六师是指医师、教师、会计师、律师、设计师、建筑师等。

《台湾大发现手机报》原创四方豆公仔主播，采用台湾最流行的主播变装播新闻方式呈现，每期出刊就有全新的变装公仔造型亮相，风格幽默娱乐时尚，是现代人化解压力，获取台湾最新商机资讯的最佳管道。

2010 年 9 月 28 日，在北京中国首届手机新媒体论坛大会上，《台湾大发现手机报》项目正式宣布启动新闻发布会，现场 300 多位嘉宾，包括国新办、工业和工信部、国家新闻出版总署、广电总局、科研、学术机构、运营商、内容提供商及中国各大新闻媒体（移动互联网、报纸、杂志、电视台、广播）等相关中国政府领导均给予最热烈的祝贺，台湾观光局赖瑟珍局长来函祝贺并授权 200 张台湾观光图片作为在内地推广台湾观光使用；上海台湾同胞投资协会李茂盛会长也给予志庆墨宝贺词祝贺。

2009 年 5 月 17 日，首届海峡论坛，国台办主任王毅在大会上宣布了八项惠台新政策措施，包括推动这些措施旨在进一步加强两岸合作、扩大民间交流、促进共同发展、增加赴台旅游、应对金融危机原则进行规划，台湾面积仅 3. 6 万平方公里，却有 20 多家电视媒体，200 多家广播电台，100 多家报社及各种数不清的刊物，各种新闻机构如同“新闻灌浆机”，24 小时不间断地倾泻着大量的资讯，《台湾大发现手机报》倾尽全力与台湾媒体资讯同步，目的就是让内地同胞更了解台湾，为读者随身报道台湾的最新资讯。《台湾大发现手机报》也是第十一届中国西部国际博览会台湾窗口唯一平台单位。由台湾大发现协办的上海台北婚庆博览会，台湾名品展，台湾高级珠宝展等活动均获得了良好的社会效益。

《台湾大发现手机报》也是中国最大的百万台商手机信息平台，拥有中国内地最大的台商数据库。为了更好地服务台商，台湾大发现为分布中国内地 105 个地区的台商协会全部接入短彩信平台，进一步发挥台商自助互助、守望相助的精神，形成强而有力的服务网络。台湾大发现配合政府政策与海基会台商服务中心对接，海基会台商服务中心可以为台商提供服务项目，如安全急难救助、经贸纠纷协处、经营专业咨询、台商联系服务等，台湾大发现台商服务中心可以提供，包括房产情报、银行理财、金融保险、急难救援、子女教育和旅游资讯等 16 项信息服务项目。

手机媒体上的“精彩台湾”：台湾大发现手机报

台湾大发现平台发起创始人郑廉诚先生

五、手机报：无线广告应用形式初探

手机报作为最能体现手机成为第五媒体的重要表现形式，从一开始就让人产生联想。随着人们对传统报业和新媒体大融合趋势的深入理解，以及消费者新的获取信息习惯的养成，阅读手机报会成为人们日常工作和生活的一部分。

手机报的无线广告形式按照不同的表现方式可以有多种不同的投放方法，包括文字硬广告、图片硬广告、音频广告、视频广告、软文广告、栏目冠名、活动/奖品赞助商等内容。

1. 彩信版手机报

彩信版手机报以图文格式呈现，单条彩信最大容量约50千字节，由文字、图片组成，不支持链接，阅读时自上而下使用手机键盘的方向键拖动或翻页。所以彩信形式的手机报可以将文字、图片等广告内容放置于头版冠名，或彩信的开头、中间或结束等位置。几乎所有用户都会阅读每天收到的彩信手机报，用户无条件被动阅读广告内容，所以广告的曝光率极高，超过90%。但是，彩信的交互能力较差，用户不可以直接通过点击链接的方式实现互动操作，可以回复彩信，但门槛较高，所以，广告的内容需要具有冲击力，通过吸引用户上行短信的方式来实现互动，以准确评估广告效果。彩信形式的广告效果较好，但投放成本较高，需要严格的广告内容审核和投放排期。

2. WAP版手机报

与互联网的技术实现方式相似，较为灵活，投放方式可以参考网站的方式。不同于彩信的是，WAP版手机报需要用户主动阅读广告内容，所以，WAP广告的评估与WEB同样采用“曝光率+点击率”的评估方式。WEB广告发展到今天，已经到了广告横飞的地步，点击率极低，大部分广告点击率不超过1%；但按照经验，一个成功的WAP广告链接，最高点击率可以达到20%以上。WAP版还具有最佳的用户互动性，用户可以直接在页面上进行操作。广告效果除了受广告策划的影响，位置也是关键性因素之一。

3. 短信版手机报

短信的最大字数容量为70个汉字，一般一条新闻短信的字数在50~60个汉字，所以短信版的广告投放就是10~20个汉字的容量。这种形式的广告曝光率几乎达到100%，适合做栏目冠名、品牌传播、促销信息等类型的广告，互动性极高，用户可以直接通过回复短信实现操作。

4. 语音版手机报

类似于收音机新闻，却不受时段的制约，用户可以随时拨打随时收听。语音版广告的投放方式适合以栏目冠名或几秒钟广告播报的形式，可以准确评估广告到达率，这种形式可以通过用户手机键盘进行互动。

5. 其他形式的手机报

随着无线增值技术的不断进步，手机报的发展也会日新月异，无论在内容还是形式上都会超出我们现在对手机报的认知，“形式就是内容”是发展初期人们的特定认知，当对形式熟悉之后，内容仍是手机报发展的关键。

手机报无线广告的应用，可以充分利用第五媒体的特点，通过对受众用户的地区、手机卡品牌等数据的分析和挖掘，实现按地区、按用户消费水平定向发布。通过对手机报用户的细分，按照用户的性别、年龄、学历、职业、感兴趣的信息分类等数据，实现更精确的定向广告发布，可以最大限度地提升广告效果。

第七章　中国移动行业应用解决方案的基本原则

一、当前思维与当前问题

当前思维不能解决当前问题，因为当前问题就是当前思维的结果。在无线增值业务向行业应用推进过程中，一个最重要的问题就是认识问题。无线增值业务的行业应用是在移动信息化的时代背景下展开的，行业应用是指在传统行业的移动信息化应用，或者说在移动信息化的时代背景下，传统行业如果要开展自己的营销活动，无线增值业务可为传统行业提供大量的应用工具和方法，这些工具和方法在技术上已完全可以实现。同时，繁荣的个人娱乐应用也为这些应用方法的普及提供了广阔的基础，关键是行业间如何认识。

当前思维不能解决当前问题。当前的思维是一种惯性的思维定式，许多传统行业就是在这种思维下获得成功的，或者说是在这种思维下创新的。当传统行业面临新的问题时，当前的思维会成为新一轮创新的“思维障碍”，创新成为一种两难的选择。不创新就无法摆脱当前的困境；而真要去创新就要面临新的风险，所以创新实质上是一种思维的博弈，是改变当前思维的过程。

在广告营销领域，传统行业要把“整合营销”的思维向“整合媒体”的思维转变，因为媒介的“破碎化”；要把“整合传播”的思维向“互动传播”的思维转变，从“关系营销”的思维向“互动营销”的思维转变，因为“没有互动的营销策划将是失败的、没有人参与的策划”；要从“定性”的思维向“定量”的思维转变，因为无线营销和无线广告是依托于第五媒体数据流管理之上的；要从“大众”化思维向“分众”化和“个众”化思维转变，因为无线营销和无线广告是定向的、一对一的互动关系营销；要从“层级”化思维向“扁平”化思维转变，因为企业面对的不是抽象的大众，而是活生生的个人，是个众。

无线增值业则要从“通信”思维向“信息”思维转变，从“技术”思维向“应用”思维转变，从提供娱乐到提供价值转变，从“信息”思维向“媒介化”思维转变。这些思维的转变是当前传播应用的现实，是手机媒体带来的营销变革和广告变革。在无线广告的应用中，随着实践的不断深入，人们的体验将越来越深。传统产业模式的夜幕即将降临，新产业模式的黎明即将到来。转变是艰难的，但思路决定出路。

二、中国移动行业应用解决方案的基本原则

中国移动的战略重点正在从个人服务向集团客户服务迈进，行业应用成为中国移动下一阶段的发展目标，这将有力地推动企业移动信息化。众所周知，企业信息化管理给企业带来巨大的收益。但是直到今天，在中国超过 2300 万家的注册企业中信息化管理普及率还不到 1‰，企业 ERP、CRM 等信息化产品并没有取得想象中的成功。原因是多方面的，产品规划的宗旨必须符合真实的市场需求，众多的移动信息化产品正在快速生成，要避免市场上的失败，必须要有一个基于移动行业解决方案的市场产品开发原则和宗旨。

1. 原则：简单化 + 个性化 = 按需定制

中国移动行业应用解决方案的基本原则是简单化加个性化，简单化体现的是快速、易用与合理，个性化是在简单化的基础上的按需定制，是需求的个性化。个性化包括行业个性化和企业个性化，从而满足使用者的个性化需求。行业个性化必须与企业个性化相结合，只有简单化没有个性化就没市场，只有个性化没有简单化就推不动。网站

自建站系统就是由于只有简单化而没有个性化，从而导致失败的。同样的，一些移动信息化产品虽然具有通用性特点，但是忽视了行业的个性化，也就忽视了行业中企业的个性化诉求，因而很难推广。所以，在行业应用过程中，移动信息化的解决方案应以按需定制为核心，重点行业重点开发重点推广，在简单化的基础上，满足行业个性化和企业个性化需求。

2. 简单的力量是无穷的

把简单问题复杂化是最简单的，把复杂问题简单化是最复杂的。移动行业应用产品的简单化是指企业用户使用的简单化、功能的简单化，其背后的技术仍是复杂的。

对于使用者而言，用户体验的简单化决定了市场。

由于移动终端独有的特点，行业应用解决方案不可能解决所有问题，对许多中小企业或商务人士来讲，有时解决一个问题就解决了所有问题。而一个产品想解决所有问题，其结果往往是一个问题也解决不了。

3. 按需定制是服务而不是技术

行业应用的产品就是基于移动营销、商务的服务，是整套的移动解决方案。所以，在移动信息的行业应用过程中，将要做的不是简简单单出售给企业一个移动产品，而是服务。成功地为企业提供按需定制的解决方案的策划、实施、测试、运营和维护，以及按年计的全程服务，是一种真正与企业自身的营销、管理并与移动商务全面结合的高品质服务。通过这种服务为企业带来价值，从而获得应得的回报。对终端企业客户而言，他们并不关心技术，而只关心你为他提供的到底是一种什么样的服务。所以服务才是最终产品，我们必须使技术转化为服务产品。

3G 时代的来临，必然使手机用户对数据使用的认识和感受加深并加强，又将会迫使企业注重用户的需求而建立移动商务平台。未来判断一个企业能否长久的重要标志将会是：是否拥有移动营销及商务管理平台。

三、手机媒体化是行业应用的战略沟通策略

前面我们分析了第五媒体的定义，虽然在定义的最后，我强调第五媒体也叫“手机媒体”，但手机是媒体吗？从本质上讲，手机不是媒体，是工具；手机绝对来说是工具，而相对来说是媒体。但为什么要把手机称为媒体，并且称为第五媒体呢？这要从手机本身的特点和其所处的环境谈起。

手机原本是通话的工具，工具具有多重含义，媒体只是其中的一个含义而已。这是因为，手机可以是钱包，可以成为个人识别的信息系统，可以听音乐、看电视、看报、看杂志、看图片、拍照等，所以手机的多元化功能凸显了其强大的工具特征。但为什么要把手机称为媒体，并且还叫第五媒体呢？实际上我认为，把手机称为媒体，并不真是把手机当作媒体来看待，而是以媒介化的思维来看待手机的媒体特征。为什么要以媒介化思维来看待手机呢？这要从两个角度来看，一个是应用的角度，另一个是应用的环境。当前手机增值业务的应用是以个人应用为主，并将继续繁荣下去，与此同时，个人应用正向行业应用过渡，最终会形成个人应用与行业应用并驾齐驱的局面，两者是相互交织在一起的。行业应用分为移动政务、移动商务和无线营销（移动营销）三个方面，这其中无线营销涉及的面较广，起步也较快，而营销的过程与广告和媒体是分不开的，所以从媒介化的思维来看待手机，实际上就是把手机的媒体化特征纳入到营销的应用当中去。另外，从当前中国的营销环境看，有一个重要特征需要引起人们的注意，那就是“营销的问题就是媒介的问题”，所以以媒介思维来看待手机就是以营销的角度来看待手机。但是在实际的营销应用过程中，手机的工具本质会凸显出来，从中国移动把飞拓无限定义为“指定的手机互动营销”合作伙伴可以看出，中国移动并没有把这种合作伙伴关系看成是纯粹的媒介广告代理关系，这是有其合理性和远见的。

假设我们同意以媒介的思维来看待手机，为什么要把手机称为第

五媒体呢？我们知道第一媒体是报纸，第二媒体是广播，第三媒体是电视，第四媒体是网络，为什么到了手机这里就非要称为第五媒体呢？实际上称手机为第五媒体有一个强烈的暗示，即如果要以媒介的思维来看待手机的话，或者说非要说手机是媒体的话，手机则一定是“大众媒体”。因为媒介就分两大类，一类是大众媒介，另一类是广告媒介。大众媒介可以是广告媒介，但广告媒介不一定就是大众媒介。

把手机称为第五媒体还有一个更重要的原因是，在从个人应用向行业应用推进的过程中，无线营销的主要对象是企业，中国的营销环境异常复杂，竞争非常激烈。前面提到，中国当前的营销环境的特点是“营销的问题就是媒介的问题”，众多企业对媒介的认知已非常深刻，如果想让手机增值服务行业尽快地加入到企业的市场营销活动中去，就必须要以企业的市场思维来思考问题。以媒介化的思维来看待手机，并称之为第五媒体，其本质就是以企业能听得懂的语言来向其推介移动增值业务，是把复杂问题简单化的一个手段。所以，称手机为第五媒体，或者说以媒介化思维来看待手机，完全是在行业应用的推介过程中的一种沟通策略。这种沟通策略如运用得当，将使移动增值行业转型的速度加快，使企业理解移动增值业务能为他们带来好处的时间成本大大降低，从而加快行业间的融合。

所以媒介化思维是一个沟通的桥梁，是手机增值业务带给人们好处的一个表面现象，并不是其本质。把手机称为媒体是因为这样可以“引导”人们尽快地理解并看到行业应用的前景，但我们要清醒地意识到，手机的本质是工具，并将永远是工具，称手机是媒体，只是一个阶段性的沟通策略。

第八章　手机媒体化是中国移动信息化战略的一个重要组成部分

一、中国移动运营商的媒体化趋势

1973 年，美国人马丁·库帕发明了手机，仅仅过了 30 多年，人们就将“第五媒体”的桂冠加给作为一项通信工具而诞生的、貌不惊人的小小掌上终端。随着移动通信产业突飞猛进的发展，手机终端所承载的信息趋于海量，无论是从信息传播的角度来说，还是从受众的广泛性来看，手机的媒体特质都已初现端倪。中国的移动运营商对于移动通信的未来发展方向均有自己的判断，同时也有多种战略方向的选择，在当前的中国市场条件下，哪一种战略方向是国内移动运营商的阶段性的战略选择呢？

1. 日本的启示

1999 年，日本 NTT DoCoMo 的 i-mode 的诞生具有划时代的意义，它标志着日本移动互联网时代的到来，从此，手机不仅是通话的工具，而且成为信息的载体。近几年来，日本已成为引领全球移动业务的“领潮人”，无论是终端、服务类型、普及率还是业务渗透程度，都位于世界前列。直到现在，虽然凭借 3G 高速的传输速度，大容量、多姿多彩的内容不断细化，在服务和应用上，许多服务早已多媒体化，但在运营模式上，基本上与 i-mode 诞生初期确定的模式一致：即以 SP 站点的方式，提供内容、服务的定制和下载，通过流量费与信息费的形式，体现运营商移动网络服务以及 SP 内容服务的价值。这一阶段商业模型的价值核心，便是“通话费 + 流量费 + 信息费”。无论内容、形式变化多么丰富，无论多媒体化给数据内容服务带来怎样的变化，话费与流量费仍旧是通信业的根本，是运营商收益的两个基本点。但在用户趋于饱和、各种功能不断涌现的情况下，加上流量包月制的出现，流量收入的增加变得毫无悬念，也给资源的投入和产出带来新的课题。在这种情况下，运营商要寻找新的利益增长点，就必须重新挖掘用户需求，引导用户需求进一步细致化发展，从用户的使用习惯来进行探讨。

经过多年的发展，日本移动通信业对其他社会生产领域也产生了深远的影响，越来越多的产业加入到移动通信的价值链中，他们自身的发展对移动通信业产生了一定的影响，如广播领域、金融领域等。广播领域的地面数字电视播放，对移动数据内容服务产生冲击，迫使运营商必须朝媒体化和内容公开化方面寻找出路。2004 年，日本两大电信运营商 NTT DoCoMo 和 KDDI，都在寻找下一阶段服务的核心内容，为下一步竞争积累优势，但在方向和战略上，两者出现了不同的趋势。DoCoMo 在日语里就是“无论哪里都（可以）”之意，从公司（品牌）名称就透露出“Anywhere in life”的信息。NTT DoCoMo 认为，在手机的发展史上，将语音通话服务移动化，是第一次深刻变革；而手机信息化也就是类似 i-mode 这样的移动互联网服务的诞生，是第二次冲击波；现在，NTT DoCoMo 相信“手机钱包”的诞生，是整个手机发展史上的第三次大浪潮。所以，NTT DoCoMo 选择了最贴近老百姓生活的路线，倡导“用下一代无线技术解决方案实现高度的无处不在的社会”，推出 QR-Code 读写功能，进一步大张旗鼓地搞“手机钱包”，开发多项带来高额数据流量收入的服务。在经营方向和战略重点上，NTT DoCoMo 走了一条独特的探索之路。

在内容服务的基础上，日本另一大电信运营商 KDDI 则走上了“媒体化”的道路，用媒体的形式整合原本的服务与产品；充分探索与大众媒体合作、联动的可能性，最终的目的还是销售自己的产品和服务，实现流量费和信息费的收入。KDDI 认为，在移动互联网服务进行了 5 年之后，行业的商务模式也必须进行调整，但它仍决定立足于内容市场。除了在内容业务上继续加大投入之外，KDDI 更重点向“媒体化”的方向发展。“EZ Channel”便是 KDDI 向“媒体化”探索的重要尝试，这是 KDDI 要独立控制媒体所有价值的一个频道。从系统平台到内容策划，KDDI 一手包办，可以说 KDDI 促成了这一独特媒体的产生。以 KDDI 的“EZ Channel”为代表的 PUSH 型的内容市场慢慢地在发展壮大，使数据内容市场更为丰富、多样化；加上日本地面数字电视逐渐覆盖到手机、移动运营商与广播事业的联动，日本移动数据业务呈现了越来越多的形式和类型。这样，手机逐渐完成了“通话桥梁”“信息载体 + 个人助理”“移动媒体”的转化，给另外一种业务模型——无线营销（Mobile Marketing）的产生创造了条件。

NTT DoCoMo 与 KDDI 分别代表了运营商下一轮探索的两种方向，两者根本的不同在于流量费核心地位的变化。前者期待建立辐射社会生活各领域的核心价值链，建立可以从各个领域带动流量费（信息费）增加的收入引擎，但主导和重心将不囿于流量费；后者则是将“流量费 + 信息费”的模式进一步深化，虽然借力于广播或部分媒体的资源，但重心仍旧围绕流量费进行，就是说虽然日本的运营商有较强的媒介化倾向，但这只是为了增加用户“黏度”的手段，真正的目的是使用户利用手机进行其他消费。

2. 适合中国国情的选择：媒体化

从日本的启示可以看出，日本电信运营商根据各自的优势进行不同的战略选择，由于日本的市场成熟度，使得这些战略选择都有其深厚的社会基础和市场基础。在中国的移动电信运营发展过程中，需要根据中国的实际情况来发展自己的移动运营。北京飞拓无限技术有限公司董事长李向平先生认为：“手机钱包在中国已出现小额支付的形式，但由于国内的信用体系较脆弱以及诚信的缺失，手机钱包这种最敏感的应用形式，在相当长一段时间内很难有大的应用突破。所以媒体化就是适合中国国情的一种战略选择。”

移动运营商的媒体化趋势是一种阶段性的战略转变，这种转变是对传统价值链重新审视后的新价值观，也就是说在传统的赢利模式基础上开发出新的利润增长点，实际上内容市场的产业地位也将会发生改变。虽然数据的内容、类型不断细化，从铃声到和弦铃声到原唱铃声到最后完整曲目的下载，从图片下载到视频下载到视频铃声提示，从游戏到电子商务，内容服务仍旧是收益的主要来源，但却不一定是唯一的主要来源，因为行业的应用将会出现。在中国的行业普及应用最先会通过企业的无线营销方式体现出来，媒体作为营销的工具，使得人们在开发无线营销的应用时，会自觉不自觉地用媒体的思路来看待手机这个移动通信工具。

纵观人类社会信息传播历史，可以发现，其既是通信史又是媒介史。无论处于信息传播的何种阶段，通信和媒介都是人们传播信息的基本手段，所不同的是谁为主导的问题。在中国，随着数据业务的发展，电信业务的娱乐服务、知识传播、教育普及等功能越来越明显，舆论引导功能也开始显现。

2005 年 12 月，中国移动通信集团公司总经理王建宙先生在接受《财经时报》采访时谈到，在中国移动规划的 2006 年移动梦网业务发展蓝图里，“手机媒体化”和“手机多样化”将成为主线。所以，在内容服务的基础上，中国的移动运营商选择走向“媒体化”的发展方向，符合国内的实际市场情况，用媒体的形式整合原本的服务与产品；充分探索与大众媒体合作、互动的可能性，对于移动运营商来说，最终的目的还是销售自己的产品和服务，实现流量费和信息费的收入。作为用户数世界第一、市值排名前五位的“巨无霸”级通信公司，中国移动在发展方向上的决策异常谨慎，手机媒体化思路是一个战略思路。我们有理由相信，中国的移动运营商开始步入一个新的时代——媒介化时代，即移动业务越来越依托于媒介提供的内容，移动运作越来越采用媒介化的运作方式。以媒体的思维来看待中国的通信业务将会使更多的行业迅速理解通信业务的本质，为更多的行业应用打下坚实的认识基础。

二、破解移动密码：从“通信”专家到“信息”专家

中国移动从“通信”专家成为“信息”专家，两个词的变化，预示着中国移动发展的战略方向。提供通信服务主要是面向个人的，提供信息服务将主要面向企业。美国信息学家、信息论的创始人申农认为，信息是第二个不确定性与第一个不确定性之间的差，是使不确定性程度减少的量，是一种消除不确定性的东西。所以，信息是减少不确定性的东西，它是动态的。移动信息化使信息的存在更加具有不确定性，信息的不对称更加显著。我们知道经济活动中的一个主要特点就是“信息的不对称”，实际上就是“不确定性程度的差异”，信息在其中起着调节作用，所以信息专家就是经济专家，就是企业的行业应用专家。

我们不能忽视的事实是，任何信息的传递过程，一定是以某种形式存在的。如果信息是非常抽象的话，那么它的存在形式则是非常具体的，最明显的就是媒体。因为媒介就是信息，媒体是信息的载体及其表现形式。所以，谈论信息，而不去了解其存在的形式即媒体，是不妥当的，特别是在移动信息化的行业应用当中。因此要成为“信息”专家，必须要有“媒介化思维”，这样在“媒介化思维”下的媒体营销，本质就是信息的内容经营，信息的销售和营销。所以“媒介化思维”不仅是必须的，同时还是战略要求的。

三、泛 IT 社会与运营商的挑战

中国的发展战略是信息化带动工业化，工业化促进信息化。移动信息化技术的出现和普及，使中国面临全面信息化的泛 IT 社会，这与世界的发展是同步的。所谓泛 IT 社会是指人们已经通过手机这个海量信息终端处理日常生活，人们已无法离开手机，生活方式、娱乐方式都与信息技术息息相关，彩铃、图片、移动博客、移动搜索、手机电

视、手机报等各种应用正在潜移默化地影响着人们的行为方式和社会的组织结构。泛 IT 社会也就是全网社会、信息化社会。

移动运营商在从“通信”专家向“信息”专家转变的过程中，已不仅仅是在推广移动信息化产品，更是在推广一种移动信息化理念。对于行业应用来说，运营商面临的挑战和任务则主要是如何协助企业建立企业内部的“信息文化”。每个企业都有自己的信息共享系统和方式，这是长期形成的，但在信息化社会中，企业的“信息文化”从管理和经营的战略层面来看意义重大。技术的出现，就其本身而言，并不能彻底改变一个企业的性质。改变或建立一个企业的“信息文化”，需要调整企业最基本的行为规范、态度、价值取向、管理目标以及与信息相关的激励制度。

移动运营商们在帮助企业建立“信息文化”的同时，自己先要清醒地认识到什么是“信息文化”。中国移动的“沟通 100”及其五个标准化产品，均是移动信息化技术的出色应用，但是这些产品对很多决策人来讲好像是突然冒出来的。人们不禁要问，为什么会有这么多产品同时出现，有必要马上就使用吗？这些产品对企业来说有着共同的特点，即相对于企业的经营，移动信息化产品可以降低成本、掌握重要的客户资源，对于企业的管理，移动信息化产品能有效地控制成本。但这些只是移动信息化产品带来的直接好处，实际上还有更深层的社会意义，即泛 IT 社会的突出代表就是移动信息化，人已成为“信息人”，这种社会前提将构成强大的社会信息化基础，在这一社会背景下企业不进行移动信息化改造就无法长久地生存下去，也很难适应激烈的竞争。

四、第五媒体是以运营商为主导的“垄断”媒体

第五媒体的无线广告收费模式既简单又复杂。简单是指以手机为终端的第五媒体是由移动运营商提供“通道”，移动增值服务商提供应用形式的。这就好比第一媒体的报纸，它的广告应用形式是通栏、

1/4 版、报眼、报花等形式，而第五媒体的无线广告形式则是短信、彩信、彩铃、WAP、流媒体、手机报等多种增值服务形式。每种无线广告的广告形式都有自己的特色，所以它的广告价值也不尽相同，这就要根据具体的应用形式来设计无线广告的收费模式。但不管是何种无线广告形式，运营商的作用是无法替代的，运营商的存在是各种无线广告形式存在的基础，清楚地认识到这点后，无线广告的赢利模式也就不言而喻了。当前由于资费的复杂化，许多个人定制的增值服务将由行业应用的企业埋单，个人应用趋向于免费，这其中运营商根据提供的不同服务形式向企业收费。

基于第五媒体的无线广告应用市场是非常广阔的，它已超过了我们对传统广告市场的认识。在相当长的一段时间内，第五媒体将是以电信运营商为主导的“垄断”媒体，相信当前的手机增值服务商们对此的体会会更深刻一些。

附 1

《手机媒体自律公约》

2007年12月26日，以“探索与发展”为主题的首届“第五媒体高峰论坛”在北京开幕。此次论坛是由人民网主办，江西手机台协办，飞象网承办的。为倡导手机媒体规范化发展，强调全行业从业者加强自律，树立手机媒体社会责任意识，推动手机媒体行业职业道德建设，营造健康、有序的手机媒体环境，人民网倡议签订《手机媒体自律公约》。有18家媒体签订了《手机媒体自律公约》。

《手机媒体自律公约》章程

1. 遵循爱国、守法、公平、诚信的基本原则，从维护国家和全行业整体利益的高度出发，大力推动手机媒体的思想文化和职业道德建设，积极推动行业自律。

2. 高举爱国主义旗帜，坚持社会主义核心价值观，弘扬中华民族优秀文化传统，使手机媒体成为传播先进思想和先进文化的新阵地。

3. 不制作、不发布或传播危害国家安全和社会稳定、违反法律法规以及迷信、淫秽等有害信息，坚决抵制与中华民族优秀文化传统和道德规范相违背的信息内容，营造健康文明的绿色手机信息环境。

4. 提供的新闻信息内容客观真实、导向正确，提供的其他服务合法、健康、规范。

5. 树立手机媒体的社会责任意识，依法对用户在手机平台上发布的信息进行监督、管理，及时清除有害信息。

6. 加强手机媒体从业人员的管理和教育，提高从业人员的业务水平和道德水平。

7. 开展经营活动须遵循诚实信用、公平竞争的原则，反对不正当竞争行为，倡导团结协作，实现共同发展。

8. 加强沟通协作，研究、探讨我国手机媒体战略方向和社会规范，对我国手机媒体行业的建设、发展和管理提出政策和立法建议。

9. 自觉遵守国家有关手机媒体的规章制度，自觉接受政府的管理和社会各界对本行业的监督与批评。

10. 自觉遵守本公约的自律要求，在行业内部形成严格规范的自律机制，推动本公约的实施。

附 2

朱海松北大演讲：第五媒体时代

2006 年 3 月 25 日，朱海松先生在北京大学作关于“第五媒体”的演讲，讲解了“朱海松模型”，即无线营销原理 4I 模型，清晰、准确、专业地给出了“第五媒体”的定义，并详细解读了概念背后的深层含义，对“第五媒体”的性质进行了精辟的分析，内容横跨众多专业领域，引起广大师生的强烈兴趣。

为满足北大师生的要求，朱海松先生于 4 月 13 日应邀再次来到北大演讲，吸引了包括广告、新闻、传播、金融、管理、经济等众多专业的师生参与，在现场进行了激烈的观念碰撞。(本文为节选)

我今天演讲的题目叫做“第五媒体时代”。

广告最伟大的贡献就是使新鲜的事物看起来熟悉，使熟悉的事物看起来新鲜。中国目前的营销现状：媒介的问题就是营销的问题。我们知道传播就是营销，如果说媒介的问题就是营销的问题，传播就是营销，那么我们首先要认识一下什么是媒介。

媒介是特定的时间、空间的接触。一般人认为媒介仅仅是形式，是信息、知识、内容的载体，它是空洞的、消极的和静态的。媒介就是信息，媒介对信息、知识、内容有强烈的反作用，它是积极的、能动的，对信息有重大的影响。它决定信息的清晰度和结构方式，形式与内容是统一的，形式就是内容。

所以说媒介不仅是平面的，还是立体的、空间的，媒介的时空是动态的、瞬息万变的，现代传播媒介的瞬间传递属性让这个世界看起来是非理性的。媒介是人的延伸。

当前，中国的媒介环境用一句话来概括就是媒介的“破碎化”。媒介的“破碎化”导致品牌的“破碎化”。下面我们来看一下媒介的分类。

我认为媒介分为两大类：一类是广告媒介，另一类是大众媒介。

大众媒介一定是广告媒介，广告媒介不一定是大众媒介。我们暂时把广告媒介放在一边，先来看看大众媒介的分类。目前，中国传媒学术界将大众媒介分为五大类：

第一类为第一媒体，即平面媒体，如报纸、杂志等等；

第二类为第二媒体，即广播媒体；

第三类为第三媒体，即电视媒体；

第四类为第四媒体，即互联网媒体；

第五类为第五媒体，即我们今天讲的手机。

这个分类不是我分的，而是几年前北京的学术界早就分好的，我非常认同这个分类。我关心的是，如果把手机定位为第五媒体，那么它的定义是什么？所以，我的任务就是对第五媒体从广告传播的角度给予专业上的定义。有人说手机可以看报纸、杂志，手机是不是报纸、杂志媒体？可以看电视，是不是电视媒体？手机是移动的，是不是户外媒体？很多诸如此类的说法，众说纷纭。关于第五媒体的定义，我认为第五媒体是以手机为视频终端、手机上网为平台的个性化信息传播载体。它是以分众为传播目标，以定向为传播目的，以即时为传播效果，以互动为传播应用的大众传播媒介，也叫手机媒体或者移动网络媒体。请注意，我这里强调第五媒体是大众媒体，而不仅仅是广告媒体。

如果我们认定手机是第五媒体，那么其表现形式是什么？

我们知道，平面媒体的报纸广告有通栏、整版、报花、报眼，这些是第一媒体的媒体表现形式。第五媒体的表现形式有短信、手机上网、彩信、流媒体、彩铃、声讯、信息名址等等。我刚才所说的这些手机增值服务内容，均可以认定是第五媒体上的媒体表现形式。SP 开发的所有手机增值业务内容均是媒体。

第五媒体成为大众媒体，必须具备三个充分必要条件：

（1）广告传播界有一个共识，当一个媒体的受众超过了总人数的 1/4 时它就是大众媒体。目前中国的手机拥有量是 8.4 亿户，同时每年以 6000 万 ~7000 万户的增量在迅猛增长，这个增量的数额相当于欧洲一个国家人口的总和。毫无疑问，手机已经具备了成为大众媒体的客观基础，这是第五媒体手机是大众媒体的第一个充分必要条件。

（2）第五媒体是大众媒体的第二个充分必要条件是手机必须上网，即我们常说的移动互联网，因为只有上网，人们才会主动地阅读新闻和寻找信息。

（3）第五媒体是大众媒体的第三个充分必要条件是手机的带宽必须足够大，即大家目前非常关注的 3G 发牌。

所以，我认为，只要当手机同时满足这三个充分必要条件之后，手机就是大众媒体。我要强调的是这三个条件是充分的和必要的，只充分不必要不行，只必要不充分也不行。

第五媒体与传统媒体的关系到底是什么呢？几乎所有传统的和新型的媒介都可以利用第五媒体的互动性创造出新的传播价值。第五媒体是媒体整合的超级引擎。更引人瞩目的是，第五媒体的互动性激发出了所有的传统媒体的互动性，使传统媒体原有的优势更强、弱势更弱。

如果我们认定手机是第五媒体，那么利用第五媒体发布的广告形式，我们称之为是无线广告，利用第五媒体发布无线广告的过程叫做无线营销。那么无线营销到底有什么样的特点？

利用第五媒体投放无线广告有以下特点：

（1）第五媒体的手机视听无线终端在投放过程中具有分众、定向、互动、即时的优势。

（2）传统上针对广大不知受众姓名的大众媒介广告是一种行将消亡的广告形式。

（3）第五媒体最杰出、最辉煌的特点就是互动性。

（4）未来企业的广告营销活动策划如果不具有互动性，就是失败的策划。互动就是参与。

（5）第五媒体的出现，使得人就是媒体，存在就是媒介。

请大家牢牢记住这八个字：分众，定向，即时，互动。在座的有些同志可能正在进行关于手机媒体的论文研究，这八个字，四个关键词，每一个都可以写篇论文，把它们进行不同的秩序排列，也可以找出不同研究方向的课题。这是一个新的学科，它的理论研究是一片处女地。

刚才我把关于第五媒体的部分思考和结论拿来与大家分享。有关第五媒体的详细探讨，在 2005 年 12 月出版的《第五媒体：无线营销下的分众传媒与定向传播》一书中有具体的阐述，有兴趣的朋友可以看一看。

如果说第五媒体是手机，利用第五媒体发布广告就是无线广告，它的过程是无线营销，无线营销是传统营销手段在新媒体上的应用。整合营销就是整合媒体，在当前的环境下，整合传播就是互动传播。

信息传播方式的创新是企业关注的永恒主题，媒介创新比广告创意更重要。如果我们了解了第五媒体的定义，那我们再来看一下无线营销的定义是什么。无线营销是指利用手机为主要传播平台的第五媒体，直接向分众目标、受众定向和精确地传播个性化的即时信息，来达到一对一营销的目的。无线营销是传统营销手段在新媒体上的应用。如果大家对传统营销手段非常熟悉，那么就要去深入理解第五媒体的深刻意义。

无线营销的出现，对营销理论产生变革，我们可以从营销理论的变迁看无线营销的模式。

营销理论的变迁，是从 4P 理论到 4C 理论再到 4R 理论。

4P 理论是 20 世纪 60 年代美国营销学者提出的，是营销理论的一个经典模型，但是，由于这一理论站在厂家的角度，即卖方市场的角度，所以它是一个静态的理论框架。1990 年，美国学者从消费者的角度提出了 4C 理论，研究消费者的欲望和需求，但是，这一理论没能体现出与消费者的关系。21 世纪初，美国理论界又提出了关系营销理论，也叫 4R 理论，但是，4R 理论是一个粗放的关系营销理论。第五媒体的出现，无线营销理论就呼之欲出了。无线营销理论，我称之为 4I 模型。今天晚上我就在北京大学的讲台，向全世界第一次公布无线营销的“4I 模型”：

第一个“I”是 Individual Identification——个性识别与锁定；

第二个“I”是 Instant Message——即时的信息，体现了无线营销的随时性和定时性；

第三个“I”是 Interactive Communication——互动沟通，互动就是参与，他们会随时转移品牌，所以一对一的广告营销会形成对客户的互动关系；

第四个“I”就是 I personality——我，个性化。个性化是一个民族自信和社会文明进步的体现，个性化就是人性化，“我有，我可以”“我能”“让我做主”“我的地盘听我的”等等诸如此类的广告，已经体现出这个社会的个性化诉求。

“4I 模型”的核心是数据库营销。

无线营销就是一对一的关系营销，无线营销不是短信群发。

总体来说，无线营销的“4I 模型”将成为未来我们理解无线营销、移动营销、移动商务、移动政务强大的思维工具，将是广大企业、传播广告公司和无线增值业务进行行业应用的核心理论基础。我刚才讲的结论，将在最新出版的《无线营销：第五媒体的互动适应性》一书中有详细阐述。

第五媒体是促销媒体，要把第五媒体是促销媒体提到战略层面来认识。第五媒体是分众媒体，第五媒体对传统广告的革命性影响就是两个字：“颠覆”。

SP 的所有产品都是媒体，这里的 SP 不是我们说的促销，而是指无线增值业务。第五媒体的未来取决于两个因素：一个是认识，一个是技术。技术没有问题，认识有问题，当前的各界，包括运营商、企业、广告界、传播界、新闻界对于第五媒体的认识不统一，不深刻，当前的思维不能解决当前的问题，因为当前的问题就是当前思维的结果。

第五媒体的普及取决于两个因素：一个是事件，一个是时间。世界杯、“超级女声”、北京奥运等事件会推进人们认识第五媒体的进程。

预测未来最好的方式就是创造。

第五媒体的时代背景是中国将以信息化带动工业化为战略基础的。早在十年前，北京白石桥路口有一个户外广告牌，上面写着：“中国人离信息高速公路还有多远？向北 1500 米。”从此中国开始了在信息高速公路上的狂奔，但是谁也没有想到，十年后的今天，中国信息化的最后一公里落在了小小的手机身上。没有理论的事实是模糊的，没有事实的理论是空洞的。实践出真知。

在急剧变化的时代，拥有未来的是不断学习的人，而非已经饱读诗书的人，他们漂亮的知识装备只适用于一个不复存在的世界！

您准备好了吗？谢谢大家！

我们都是爱斯基摩人

西方的销售大师认为：销售的最高境界，就是“把冰卖给爱斯基摩人”，而他们也确实做到了！

爱斯基摩人生活的周围就是冰天雪地，为什么还会买外来的“冰”呢？这里面的原因是多方面的。如何对我们周围熟视无睹的事物，以重新发现的眼光去创新，是一种挑战。

多年来，中国企业界或广告界中的不少人都对海外的相关理论奉若神明。无论是CI传入中国，整合营销传播概念的兴起，或是4C与4P理念，都引起了人们的一阵激动。但冷静之余，人们会达成一种共识，即任何先进的营销理论都必须经过本土化的检验才能决定是否为我所用。

目前，国内大量的营销广告类图书都有一个主要特点：要么是完全引进，要么是对几种主要思想的复制，水平都不低，但“同质化”严重，缺乏从事一线工作既有理论基础知识又有实际操作经验的本土理论。而读者真正迫切需要的正是既有理论又有操作方法，并且是立足于国内市场的，突出原创、强调本土化的思想。

中国经济的高速发展，创造出了一个又一个经济奇迹，全身心投入到市场的人们开始反思他们的实践与外来理论的关系，人们回归中国传统的经典就是这种反思的结果之一。中国的市场经济实践具有自己的方法论特色，这些方法论的背后是贴近中国本土的经营管理及市场的哲学思想。但是由于思维的惯性以及对西方理论的仰视，许多人并没有认识到自己的那些开创性实践经验具有理论的真实价值，所以我们听到许许多多精彩的言论，却很少有精彩的理论。由于中国引人瞩目的经济发展前景，许多理论大师来到中国，以他们特有的角度提出让我们倍感新鲜的观点，同时也把中国的经验用西方的思维重新整理成理论，再输出到亚洲市场。从某种意义上讲，我们都是爱斯基摩人。

我们当然需要外来的理论，英国科学家李约瑟博士写的《中国科学技术史》让国人汗颜，所以爱斯基摩人买外来的“冰”并不是没有道理的。我们可以说中国的市场发展既需要总结成功的思想成果，也要提出预测未来的、适应本土特色的理论体系，这就要求我们也要去创造自己的理论。是爱斯基摩人也没什么不好，只不过是既要做一个开放的爱斯基摩人，又要做一个自信的爱斯基摩人。本土的理论不能妄自菲薄，克服这种心理障碍是一个艰辛的过程。

同时也要看到另一方面，亚洲的“思想市场”几乎不存在。英国《金融时报》记者居伊·德·容凯尔在《亚洲需要“思想市场”》一文中惊叹道：“对于亚洲令人叹为观止的崛起以及它未来的发展方向，人们很少存在理论层面的好奇心。尽管亚洲的全球影响力日益增加，但无论是经济学、商业、社会政策，还是国际关系，该地区诸多事务方面最具启发性的研究，有许多都发源于其他地区，主要是西方。”

瑞士商学院教授让·皮埃尔·雷曼（Jean Pierre Lehmann）说：“亚洲智库不少，但思想不多。”居伊·德·容凯尔认为：“亚洲根本没有思想的市场。中国的经济增长固然令人瞠目，但令人印象深刻的是其大胆的‘执行’成就，而不是独创的发展思想。”虽然这些评论不完全确实，但却发人深省。亚洲思想市场的最大障碍并非缺乏优秀的思想，而是对这些观点的疲弱需求。同时，亚洲人的思想缺少系统化的整理，以营销广告和传播领域为例，中国的实践是异彩纷呈的，有许多独特的方法和模式，取得了巨大的成功，但是相对来看，适应本土的理论仍缺少挖掘和创新，许多大量的精彩思想和观点被淹没掉了。

近几年来我创作的“方法比知识重要”系列丛书，是发现本土广告营销传媒应用领域的一种尝试，《第五媒体》《无线营销》和《无线广告》则是新媒体传播领域最前沿的理论探索，“第五媒体”三部曲的出版正是为适应当前的移动信息化应用理论的缺失所做的抛砖引玉，相信随着时间的推移，会有更多的、大量的精彩应用理论出现。

朱海松

2008年3月

后记2

中国网络营销与网络传播的理解和解释性危机

中国传奇功夫巨星李小龙在谈到对功夫的理解时，这样评论道："初学武术时，一拳便是一拳，一脚便是一脚，但经过多年证悟，一拳还是一拳，一脚还是一脚。"意思是许多事情正在发生变革，如人们对事物的看法，做事的方式，但有些东西仍然是不变的。目前，以网络信息技术为代表的新兴力量正在重塑我们的社会形态。在广告传播行业，以"第四媒体（互联网）"和"第五媒体（移动互联网）"为代表的新媒体迅猛崛起，正颠覆着传统的商业模式，对一些传统的商业理念产生革命性的影响。

1. 从"反常"看新媒体的本质：新媒体是一种哲学

以互联网和移动互联网为代表的新媒体正迅速崛起，"超级女声"与"快乐男声"、山寨文化、人肉搜索、艳照门、百度事件、央视曝光"垃圾短信"、俯卧撑、叉腰肌、打酱油等等事件，一系列在传统的传播意识下无法合理解读的"反常"事件，动摇了传统的传播理念和根基，通过这些社会性事件，人们开始探索网络传播的方法与规律，但是在旧的知识框架之下仍然无法充分解读这些现象，使人产生一种焦虑和危机感，并在传统媒体、广告营销业、传播新闻等大众传播领域漫延，这种"反常"造成的直接影响就是传统媒体的广告被分流到新媒体中来，同时许多传统媒体也开始向网络形式转变，甚至大量的传统媒体从业人员开始批量地投身到网络行业中去。2008 年 12 月，美国年收益第二、总发行量第三的报业集团，创立至今已 161 年的美国芝加哥的论坛公司（Tribune Co.），因为不敌广告严重下滑与网络媒体的冲击，正式宣布申请破产保护，成为网络普及以来首家申请破产的美国报业集团。还有一些重要的传统媒体开始全面转向网络形式。与此同时，网络视频的大量出现，也开始对传统的电视媒体造成冲击。

人们开始思考这种“反常”，凤凰卫视新媒体 CEO 刘爽先生认为：“新媒体形式上是一种技术，本质上是一种哲学。”从本质上说，新媒体是一种体验的革命，是人的生存方式与话语权的革命。美国杰出的科学哲学家托马斯·库恩认为：“特别在公认的危机时期，科学家们必须转向哲学分析，作为解开他们的领域之谜的工具。”

我在“深沉的理性，冷酷的客观”一文里（详见《手机媒体》）提到了美国科学哲学家托马斯·库恩的“范式”观点，认为应从哲学的视角来审视和探讨当前的新媒体，这涉及传统媒体的思维范式问题，若想正确地解读新媒体为我们带来的冲击和困惑，必须跳出传统的思维模式，才能发现新规则、新规律。

2. 托马斯·库恩的“范式”

《科学革命的结构》是 20 世纪科学哲学的经典名著，该书作者托马斯·库恩认为，科学发展的历史是一部同科学共同体密切联系的历史，科学作为一个在时间和空间上扩展的复杂过程，其发展规律的内在性是同这个过程的主体不可分割地结合在一起的。在库恩看来，科学作为科学共同体活动的结果，它表现为科学“范式”的不断完善和不断更迭。库恩所指的“范式”就是思维方式。库恩认为：“范式就是一个公认的模型或模式”，“科学共同体取得一个范式就是有了一个选择问题的标准，当范式被视为理所当然时，这些选择的问题可被认为是有解的问题。”“范式是一个成熟的科学共同体在某段时间内所接纳的研究方法、问题领域和解题标准的源头活水。因此，接受新范式，常常需要重新定义相应的科学。”

库恩进一步指出，“范式”是形而上学的、高于规则之上的观念约定：“历史研究还有规则地展示出，有一类更高层次的，准形而上学的承诺，虽然这些承诺还不是科学的不变特征，但却较少受时空的局限。”“这套承诺既是形而上学的又是方法论的。”“我认为，规则发扬光大于范式，但即使没有规则，范式仍能指导研究。”“范式的存在并不意味着有任何整套规则存在。”

库恩在论述“范式”时所提到的科学共同体，用在当下可理解为传播业的共同体，新闻业的共同体，营销业的共同体，网络业的共同体等等。在网络化社会到来之前，这些共同体是互不相干的，但是高速推进的全面网络化社会使这些共同体出现了无数的交集，对于每个共同体原有的“范式”造成强烈的冲击，一个行业大融合的景观出现了，这种交流和碰撞必然会重新塑造人们的思维方式，变革人们看问题的视角。

3.“反常”带来的“危机”是思维“范式”变革的前奏

库恩认为：“一种反常虽然没有明显的基本重要性，但它所禁的应用却具有特殊的实践重要性。”2008 年，从山寨手机开始，山寨剧、山寨街、山寨报纸、山寨新闻、山寨搜索引擎等陆续登场。2009 年新春之际，网络上出现的“山寨春晚”把山寨文化推向高潮，主流的中央电视台对“山寨春晚”的态度是不参与、不排斥，把它作为一个新事物进行对策研究，作为传统媒体的龙头，央视也需要新思维来看待网络上的春晚了。库恩说：“有时，一个反常能使人们对范式中清晰而基本的概括明显地产生疑问”，“所有危机都始于范式变得模糊，随之而使常规研究的规则松弛”。

几年前，网络上“一个馒头引发的血案”恶搞了电影《无极》，娱乐了大众，这种低成本的快速传播，彻底颠覆了传统的宣传方式，以“草根”为代表的个性化时代全面渗透着社会生活，“超级女声”的出现，把互动传播发挥到极致，完美地演绎了传播从“被动”到“主动”再到“互动”的转变过程，个性化得到进一步张扬。由于网络，“草根”阶层有了施展个性的平台。个性化是一个社会文明进步的体现，个性化就是人性化，个性化的充分释放得益于网络技术的普及和宽容和协的社会环境。美国总统奥巴马更是把网络信息技术的应用扩大到政治生活领域。美国主流媒体评论道，没有互联网和移动互联网，奥巴马是不可能当选的。这看似反常，实质是平常。所有这些不得不使人们以全新的眼光和视角来看待这些层出不穷的“反常”。许多专业人士已经开始认识到以传统的思维方法是不能解决“反常”所带来的问题的，正像库恩所说的那样：“当一种反常现象达到看来是常规科学的另一个难题的地步时，就开始转化为危机和非常科学。于是这种反常现象本身就这样被同行们更为普遍地认识了。这领域的越来越多的杰出人物对它越来越注意。”

库恩认为：“从一个处于危机的范式，转变到一个常规科学的新传统能从其中产生出来的新范式，远不是一个积累的过程，即远不是一个可以经由对旧范式的个性或扩展所能达到的过程。不如说它是这领域按新原理的一种重建，是一种变革这领域的某些最基本的理论推广，以及它的许多规范方法和应用的重建。在过渡时期，会有一大批问题，既能由老范式解决，也能由新范式解决，在这些问题之间绝不会完全重叠。但是解决的方式也会有决定性的差别。当转变完成时，专业的视野、方法和目标都将变革。”

4．科学革命是新世界观的革命：“范式”不是认识而是信念

库恩认为由于“范式”不是认识而是信念，因而从旧范式到新范式的改变，不是科学共同体的认识的深化，而是信念的转变。以广告传播为例，传统的整合传播信念是在追求广告效果的媒体投资回报基础上展开的，是“单向”的和“盲目”的，同时广告效果是不能与销售直接挂钩的。而在网络时代，“分众”、“定向”的精准传播成为可能，以“互动”为核心的体验经济大行其道。数据库营销成为 21 世纪的主流营销方式，以量化管理和评估成为重要手段。

库恩指出，在科学的演进中，新知识所取代的是无知：“范式的转化，就是科学革命。一种范式经过革命向另一范式逐步过渡，正是成熟科学的通常发展模式。”“科学革命在这里是指科学发展中的非累积性事件，其中旧范式全部或部分地为一个与其完全不能并立的崭新范式所取代。”“范式为除了反常之外的所有现象提供一个在科学家视野内的确定的理论位置。”

除确立新的世界观之外，科学范式兴起的最重要的标志是建立起一套自己的基本概念、理论和模型等，以构成科学范式的核心。网络传播平台刚一兴起，以技术为背景的网络传播共同体就用一整套完全不同于传统广告的术语和手段来重新定义网络营销和网络传播，点击率、关键字、注意力、流量、定向、转换率等等，这些新的术语仍在不断地从网络上喷发出来，并显示了巨大的市场价值。近几年出现的搜索引擎竞价排名、网站联盟等新广告方式变革着媒体投放的版图。

这些并不是传统思维下的新生事物，也无法用传统的知识来解读这些新事物，这些新事物包含着“革命”的种子。库恩强调：“科学革命也起源于科学共同体中某一小部分人逐渐感觉到，他们无法利用现有范式有效地探究自然界的某一方面，而以前范式在这方面的研究中是起引导作用的。”

到目前为止，由于网络的高速发展，仍无法确定其最终形态将是什么样，但其中所孕育的新思维、新思想的火花不断闪现。库恩说：“大部分新范式的早期形态都是粗糙的。等到其美学上的吸引力得以全部展现时，科学共同体的大部分人早已为其他方式所说服。然而，美学上的考虑的重要性有时却是决定性的。”新“范式”一定是美的！

5．科学革命的四个阶段

库恩在《科学革命的结构》一书中，为我们描绘和分析了科学革命发生的前后过程，其认为，科学的发生和发展一般要经历几个阶段：前科学时期，常规科学时期，反常和危机时期，科学革命时期，以及动态的周而复始过程，其所描绘的科学革命的结构是一种动态结构。

第一阶段，前科学时期：没有统一的科学共同体和公认的“范式”，存在许多竞争的学派。他们各执己见，经过长期争论后，才逐渐形成统一的理论、观点和方法，即“范式”，于是才从前科学时期进入科学时期。

第二阶段，常规科学时期：有了公认的“范式”，科学共同体就在“范式”的支配下进行研究，常规科学时期就开始了。在研究过程中，发现不符合预期的现象时，它就会调整理论，吸收反常，直到使反常成为预期的结果为止。在同化和吸收反常的过程中，规范的结构不断完善、发展，理论不断丰富，这就充分体现了常规时期科学知识稳步扩大和精确化的趋势。

第三阶段，反常和危机时期：科学“范式”从一开始就处于反常海洋的包围中。当反常愈积愈多，并深入到“范式”的核心，使理论的调整和修补无济于事，使常规科学陷入困境和迷途时，科学就进入一个显著不稳定的时期，科学危机时期。在危机时期，人们对“范式”开始怀疑，对它的信念逐渐动摇。危机也给科学家们带来了批判精神和创造精神。这也正是危机在科学发展中起到的最积极作用，它既是新理论出现的必要前提，也是新理论涌现的前奏。“危机的意义在于，它可以指示更换工具的时机已经到来。”一种理论的变形骤增，正是危机的一般迹象。库恩认为“一切危机都随着新范式的出现及其被接受而宣告结束。”

第四阶段，科学革命时期：随着危机时期一个有生命力的竞争“范式”的出现，科学进入革命阶段。所谓革命，实质上就是新旧“范式”替换的过程，就是科学共同体除去那些顽固不化的反常，重新概念化的过程。科学革命是“破坏与建设的统一”，因而科学革命也是“破坏—建设性的范式变化时期”。

库恩的描述为我们勾勒了一个宏大的图景，使我们可以了解当前我们处在哪个位置。就科学革命的范围、规模、强度和变革方式而言，科学革命应该是涉及科学整体的、巨大规模的、迅速发生的一种突变性的质变，科学革命是整个社会革命、文化革命，以至意识形态革命的一个构成部分。它是整个社会史、文化史、科学史发展演变的必然结果。

无独有偶，新媒体的突出代表手机媒体在3G牌照发放之际更加引人注目，而早在2007年12月，中宣部新闻局副局长刘汉俊先生在“第五媒体高峰论坛”的主题演讲中预言，手机媒体将有可能变革人们的阅读习惯，变革人们的价值观念、效率观念和文化环境，甚至变革战争的形态。他强调手机媒体发展的过程，就是一场包括科学革命、技术革命、信息革命、产业革命、文化革命、社会革命在内的相互交织的革命。

6. 冲突是思想的牛虻：我们当前处在“反常和危机”时期

冲突是思想的牛虻，英国哲学家弗兰西斯·培根说：“真理从错误中比从混乱中更容易出现。”

2007年10月8日，以“权威无线新闻，主流第五媒体”为理念，我国首家以独立品牌运作、具有独立新闻采访资质、通过手机发布新闻信息的新型移动媒体，江西手机台正式开通运营。江西手机台一开通就旗帜鲜明地定位为主流移动网络新闻媒体，并和其他传统媒体一样，拥有独立的新闻采编队伍。江西手机台这一新鲜事物为手机媒体的发展作出了开创性的探索，拓展了人们对手机新媒体的认识思维，启发了人们对移动互联网的应用方向。

技术进步和信息化带来的网络社会是变革的基础，当前中国互联网广告形式五花八门，正在使用的广告尺寸多达17万种，“媒介的破碎化”是显而易见的，这也从一个侧面反映了新媒体的发达程度。北京大学新闻与传播学院副院长陈刚教授认为：“目前中国的媒体发展处在一个非常复杂的环境里，一方面，媒体自身在不断升级，竞争越发激烈；另一方面，各种传播类型和营销方式不断出现。而在整个环境里，我认为互联网是影响整个传播媒体发展的根本动力。其他因素也很重要，但是目前传播媒体的变化最根本的影响来自于互联网，而且这种变化是革命性的，并不是一种改良，而是一种革命。”

面对2008年席卷全球的金融危机，中国企业家的杰出代表马云说：“这次所谓的危机是人类社会进入商业社会全球化的阵痛，人类社会要进入商业社会走全球化，你必须面临这样的挑战。以前的全球化我认为是美国化，美国把自己的价值观、金融观，把自己的一切通过所有的手段传给了全世界，而由于信息时代，互联网让人们理解到，这样的价值观、这样的机制、这样的体系已经不能存在。”“每一次的经济危机都会让整个商业经济进入到一个全新的阶段，此次危机过后，世界经济也将发生巨大的变化，10年以后社会将进入新的时代，商业社会将进入新的商业文明的阶段。”马云满怀激情地彻底否定了美国式的金融观，号召抛弃美式的金融旧“范式”，建立商业文明的新“范式”。

无论是“超级女声”现象，还是山寨文化的冲击、人肉搜索的探讨、百度危机的困惑、手机台的出现、网络媒体的主流地位争辩等等，这些社会的、经济的、行业的“反常”现象，充分说明我们当前处在“反常和危机”时期，是重塑我们思维方式方法的时期，是“范式”正在转移的时期，是“传统”正在被打破的时期，是“破坏性创造”的时期，是“革命”将要发生的前夜。

7. 科学革命是扬弃不是全盘否定

托马斯·库恩指出，科学革命不是全盘否定、全部推翻过去的一切科学遗产。虽然它是一种质变和否定的过程，但同时也是一个扬弃的过程。在改变的同时，仍然要有一些没有改变的东西被继承下来。如传统的广告理念是合理的，但方法和手段要改变，从旁观到参与到体验；传统的传播知识是可持续的，但形式和视角要改变，从单向传播向双向传播转变；传统的营销手段是有效的，但理念要改变，从被动到主动到互动的转变。

科学革命不仅应当包含科学理论或科学范式本身的更新换代，而且应当包含新理论、新范式对整个人类的世界观、常识性认识、哲学观点和一般的意识形态等方面所发生的影响和变革。科学革命的关键是：科学家面对竞争的理论、竞争的范式如何作出选择。对此，托马斯·库恩提出，应该把精确性、一致性、广泛性、简单性和有效性五个基本特征作为选择一种理论或“范式”的价值标准。

任何一次科学革命都不是只带来个别或少数要领的变化，而是常常带来一系列新概念、新术语的飞跃式的增生，甚至常常出现一个内容广泛的“概念场”或“理论概念群”。在网络广告传播界，“WEB2.0 营销”“精准营销”“互动营销”“病毒式营销”“口碑传播”“定向传播”“分众传播”“社区传播”“人际化传播”“竞价排名”“手机媒体”“长尾理论”等等新概念、新理念大量出现，这些都为传播的“范式”革命进行了量化的积累，是“革命”将要发生的“种子”，随时将引发质变！

“没有理论的事实是模糊的，没有事实的理论是空洞的”，大量的“反常”已经给我们提供了无数的事实，需要适当的创新理论建立新的“范式”适应新的商业生活。

在全球金融危机背景下，“变革”是世界性的主题。美国总统奥巴马在竞选时，对“变革”的诉求从“我们相信的变革（change we believe in）”到“我们需要的变革（change we need）”，美国人民回应了他的号召，推举他为美国总统，呼吁变革的声音也席卷了全球。李小龙也说得没错，一拳还是一拳，一脚还是一脚，但力道和速度已不可同日而语了，对它的感受也已完全改变，人们一定会以完全不同的眼光来看待这“一拳一脚”。好莱坞大片《功夫熊猫》里那位神龟在劝解沮丧的熊猫时说道：“昨天已成为过去，明天还很神秘，只有今天是最好的礼物！”急剧变化的今天孕育着新的变革，网络广告传播营销的新“范式”何时出现，时间会告诉我们答案！

朱海松
2011 年 3 月

参考文献

1 〔加拿大〕马歇尔·麦克卢汉. 理解媒介：论人的延伸. 北京：商务印务馆，2000

2 〔美〕米切尔·舒德森. 广告：艰难的说服. 陈安全译. 北京：华夏出版社，2003

3 〔美〕T. 丹齐克. 数：科学的语言. 苏仲湘译. 上海：上海教育出版社，2000

4 〔美〕阿诺德·M. 巴尔班，斯帝芬·M. 克里斯托尔，弗兰克·J. 科派克. 国际4A广告公司媒介计划精要. 朱海松译. 广州：广东经济出版社，2005

5 〔英〕E. H. 贡布里希. 秩序感. 范景中，杨思梁，徐一维译. 长沙：湖南科学技术出版社，2000

6 朱海松. 第五媒体：无线营销下的分众传媒与定向传播. 广州：广东经济出版社，2005

7 朱海松. 无线广告：手机广告的发布形式与应用标准. 广州：广东经济出版社，2007

8 朱海松. 无线营销：第五媒体的互动适应性. 广州：广东经济出版社，2006

9 朱海松. 国际4A广告公司媒介策划基础. 广州：广东经济出版社，2005

10 朱海松. 网络的破碎化传播. 北京：中国市场出版社，2010